D0871503

COMMENT
TROUVER L'ÂME SŒUR
ET LA GARDER

Anne Teachworth

COMMENT TROUVER L'ÂME SŒUR ET LA GARDER

Traduit de l'anglais (*États-Unis*)
par Corinne Marotte

Préface de
Anne Ancelin Schützenberger

PAYOT

TITRE ORIGINAL :
Why We Pick the Mates We Do

PRÉFACE

par Anne Ancelin Schützenberger

« Tu es magique, tu fais pousser les fleurs », lui disait son père quand elle avait deux ans et demi. Aujourd'hui, Anne Teachworth a toujours la « main verte » : non seulement elle fait pousser de très belles fleurs, mais elle fait aussi fleurir et refleurir les couples, utilisant à la fois son modèle d'empreintes psychogénétiques réimprimées et son intuition de clinicienne.

Une intuition clinique n'est pas seulement de l'intuition, mais repose sur l'observation fine[1], c'est-à-dire aiguisée par la connaissance des recherches scientifiques récentes, un savoir spécialisé et de bon niveau sur la communication verbale et l'expression non verbale des émotions et des sentiments (le « langage du corps »), les connaissances connues et oubliées de l'humanité et de notre propre civilisation, de son contexte et de celui du « client ». Elle utilise aussi la « banque de données » cliniques et de psycho-histoire d'un bon psychothérapeute

1. Rappelons que le mot « intuition » vient du latin *intuitis*, de *intueri*, « regarder attentivement ».

expérimenté et d'un formateur en communication, relations humaines et thérapie.

Dans l'alliance thérapeutique, l'intuition clinique aide à jeter un pont entre le passé-toujours-présent-et-s'exprimant-comme-il-peut et le présent. Elle nous aide à prendre le client comme un égal psychothérapeute et à chercher ensemble, comme le décrit si bien Donald Winnicott dans sa célèbre psychothérapie d'enfants autistes [1]. On dessine avec le client, on noue ensemble, on relie en co-action et co-expression son essentiel vécu sur plusieurs années, comme par un « point de capiton » (selon l'expression tapissière imagée de Jacques Lacan, traversant et ancrant en profondeur plusieurs épaisseurs de tissu capitonné).

Le processus combinant la mémoire infantile et enfantine du « client » avec les « associations libres » du thérapeute-analyste (avec son intuition scientifiquement fondée, cliniquement expérimentée et son « empathie ») propose au client une hypothèse : une clé possible pour ouvrir le dialogue entre le « je » et le « moi », « dégeler ses structures » selon l'expression de Kurt Lewin [2], relancer le dynamisme de vie ou la résilience, « nettoyer l'arbre généalogique [3] » et « reconstruire le passé ».

Tout le monde souhaite une enfance heureuse, retrouver ou trouver un « paradis perdu », un « âge

1. Voir D. W. Winnicott, *La Petite « Piggle »*, Paris, Payot, 1980.

2. Kurt Lewin est l'inventeur de la « dynamique des groupes » et de la « recherche-action ».

3. Voir A. Ancelin Schützenberger, *Aïe, mes aïeux !*, 15e éd., Paris, Desclée de Brouwer, 2002.

d'or » de paix pour réaliser ses rêves d'enfants d'un couple sans histoires, et d'une famille bienveillante, chaleureuse, compréhensive, unie et heureuse... Mais comme le dit si bien Anne Teachworth, trop souvent l'histoire se répète, inlassablement, inexorablement, à la manière d'une tragédie grecque.

Les batailles familiales, bagarres subies autrefois, les coups et blessures, les traumatismes, les pertes difficiles et tragiques, les petites et grandes misères de la vie, les grands malheurs, les plaies restées à vif autrefois, les tâches inachevées du passé se transmettent de génération en génération, sur trois, quatre, cinq, voire sept ou dix générations (plusieurs d'entre nous ont eu des grands-parents se souvenant de leurs propres grands-parents). Beaucoup de traumatismes actuels remontent à la Révolution et à la guillotine (1793). Les émotions enfouies, enterrées, fermées à clé dans le placard personnel, familial – ou culturel – d'événements tragiques non parlés, non clarifiés, non élaborés (les secrets et non-dits en particulier), se transforment et s'expriment trop souvent indirectement, par des accidents, incidents, maladies, morts précoces. On voit aussi se transmettre des modèles de non-communication de couples ou de relations parent-enfant non efficaces ou franchement nocifs ou malsains, comme l'inceste, la violence, l'absence d'affectivité, les ruptures à répétition, les abandons. Tout cela, qui n'a pas été élaboré, se « rumine ».

Déjà en 1928, la thèse de doctorat en théorie Gestalt de Bluma Zeigarnik, sous la direction de Kurt Lewin à l'Institut de psychologie de Berlin, a démontré que les tâches inachevées, interrompues, continuent de se « ruminer » et restent en mémoire longuement, plus longtemps que les tâches terminées, après lesquelles on peut « tourner la page » et être libre de « passer à autre chose ».

Mes travaux récents, depuis 1990-2000, montrent que les tâches inachevées, et en particulier les deuils trop douloureux qui n'ont pas pu être faits en leur temps (et le travail de deuil est douloureux, long et personnel), les injustices « injustes » subies, les morts « inacceptables », les déchirements, départs en arrachement sans « au-revoir », abandons, pertes (de personnes, d'animal favori, de maison, de terre natale, de langue, ou de « nounou », ou même de « nounours ») inacceptables et inacceptées, sont « passées » et « repassées de génération en génération » comme des « sentiments indigestes » qui « restent sur l'estomac », toujours saignants de blessures restées ouvertes, ou comme des « injustices intolérables ».

Cela s'exprime souvent par des répétitions involontaires (de loyauté familiale invisible en syndrome d'anniversaire, d'accident, de maladie, de mode de vie), ou s'achèvent enfin par une réparation (même symbolique), quand ce n'est pas une revanche, de guerre personnelle familiale (vendetta qui ne dit pas son nom), guérilla ou guerre réelle chez les individus ou les peuples.

La psychanalyse, ainsi que certaines psychothérapies individuelle et de groupe, thérapies psychocorporelles et thérapies familiales ont réalisé depuis longtemps que les expériences négatives et traumatiques non résolues, les sentiments agressifs-négatifs non résolus, l'apprentissage en *double-bind* (« double contrainte » avec interdiction de souligner la contradiction), les deuils non faits dans le passé contrôlent toujours notre vie, inconsciemment, empoisonnent nos relations actuelles, et determinent notre devenir. Ils ont donc essayé d'arrêter ces legs du passé si lourds. D'ailleurs, depuis peu, tous les travaux sur le « transgénérationnel » et les recherches dites de psychogénéalogie clinique et de thérapie familiale systémique, analytique et triadique, tentent de renouer le fil, et d'assainir le passé-douleureux-toujours-présent en le retravaillant en thérapie sérieuse.

Ce qui ne s'exprime pas s'imprime et s'exprime autrement – à moins qu'on ne le « ré-imprime » par une action thérapeutique efficace active.

Anne Teachworth, comme par ailleurs mon analyste Françoise Dolto et moi-même, a découvert une manière de résoudre les traumatismes du passé de l'histoire de la famille (sa famille, celle du « client »), afin de ne plus répéter ces modèles familiaux de comportement (*patterns*) avec ses partenaires actuels ou futurs de sa vie affective et amoureuse.

En reconstruisant un « surplus de réalité » comme nous le disons en psychodrame, ou en suivant les exemple que donne Anne Teachworth dans *Comment trouver l'âme sœur*, nous pouvons infuser des sentiments nouveaux, donner en thérapie l'expérience vécue de sentiments nouveaux, de bonheur, dans notre vie familiale passée revécue autrement, par une action activement psycho-corporelle, c'est-à-dire en « recontruisant » une mémoire du passé meilleure, par une sorte de jeu de rôle thérapeutique, un passé-dans-le-présent-vécu-coporellement, de recréer une empreinte dans le « moi-peau » (si on nous permet d'emprunter son expression à

Didier Anzieu), qui va s'imprimer dans la mémoire psycho-corporelle-affective du sujet (le « client »), ouvrir « l'éventail de ses rôles » comme dirait Moreno en psychodrame, et donc changer et son vécu, son comportement, et son « attente-quant-au-rôle » de l'autre, ses réactions, son « choix » du comportement de ses partenaires, et donc tout son avenir...

Anne Teachworth nous aide à comprendre plus clairement comment briser le cycle répétitif des abus et produire de nouvelles relations conjugales et familiales plus saines. Comment reconnaître le *pattern* de « parentification » et de « petit mari de maman » devant réparer sans fin...

En faisant du jeu de rôle thérapeutique, représentant nos parents dans leurs relations passées difficiles – et les événements passés –, mais en les « rejouant » différemment, nous pouvons, comme le disent Laura Perls[1] et les praticiens de la thérapie Gestalt, résoudre les vieux problèmes sans issue non résolus, ou encore, comme je le dis, créer une nouvelle « mémoire musculaire-affective », ou comme le disent Anne Teachworth et les tenants de la PNL, une nouvelle « mémoire kinésique ».

Comment trouver l'âme sœur peut vous aider à « réparer » votre vie affective, amoureuse et sexuelle en « réimprimant » des motifs de couple dans votre

1. Laura Perls a fondé avec son mari Fritz Perls la thérapie Gestalt et l'Institut Gestalt de New York, à la fin des années 1940, après une longue expérience psychanalytique de Fritz Perls et son passage chez Moreno à Beacon. Anne Teachworth a longuement travaillé en PNL avec Laura Perls et a co-animé des groupes avec elle à New York.

histoire personnelle d'enfance, et l'empreinte, la mémoire que vous en gardez.

La méthode psychogénétique développée par Anne Teachworth peut souvent, et comme par magie, changer rapidement une grenouille en prince charmant[1], réveiller la Belle au Bois Dormant, et rendre réel le vieux rêve et conte du « ils se marièrent et vécurent heureux ».

---

1. *Frogs Into Princes*, de Richard Bandler et John Grinder, est le titre du livre fondateur de la PNL. Il a été traduit en français par *Les Secrets de la communication*. Anne Teachworth a étudié avec Richard Bandler et animé avec lui des groupes (1977-1987). En 1987, ils ont même fait ensemble un petit film, *L'Art du flirt* (*The Art of Flirtation*), consacré aux rendez-vous amoureux et aux motifs d'attraction des couples.

INTRODUCTION

Comment avez-vous choisi votre partenaire ? Est-ce son look qui vous a attiré(e) ? Son sens de l'humour ? Sa chaleur, son énergie, son enthousiasme ? Sa gentillesse ?

La plupart des gens sont surpris quand je leur dis qu'ils n'ont pas du tout choisi leur partenaire pour les raisons qu'ils croient. C'est que nos choix – du parfum de la glace que l'on va manger à la personne avec qui l'on envisage de passer le restant de ses jours – ne résultent pas de notre volonté, mais de la manière dont nous avons inconsciemment été programmés à sélectionner ou à rejeter ce que nous voulons.

Le plus souvent, nos préférences ne sont pas issues de notre conscient.

Nous croyons au coup de foudre dès le premier regard, alors que la majorité des histoires d'amour débutent au deuxième regard. Vous serez surpris de découvrir comment fonctionne réellement le mécanisme d'attirance inconscient qui est en vous. Et vous serez étonnés de voir la rapidité avec laquelle on peut améliorer ses propres modèles relationnels grâce au système psychogénétique décrit dans les pages qui suivent.

Choisir l'âme sœur est un livre interactif. Il débute par un test facile qui vous permettra de mieux comprendre les véritables raisons pour lesquelles vous avez choisi, choisissez ou choisirez vos partenaires passés, présents ou futurs. Pas besoin pour le faire d'avoir dix ans d'analyse derrière soi, ni d'avoir lu des tonnes de livres de développement personnel : dix minutes suffisent.

Longtemps, les ouvrages censés aider chacun à trouver un partenaire ont renforcé le mythe selon lequel les célibataires pourraient, de manière consciente, partir en quête de celui ou de celle qu'ils souhaitent rencontrer. On encourageait les personnes seules à dresser la liste des qualités qu'elles recherchent le plus chez l'autre et à emporter cette liste partout avec elles, dans les soirées comme au supermarché. Mais le problème avec ce genre de conseils, c'est qu'ils ne produisent aucun résultat.

Régulièrement, les gens vont à l'encontre de leurs déclarations pour se fier à leur instinct, répétant ainsi, à l'infini, les mêmes erreurs. En toute naïveté, ils plongent la tête la première dans le besoin pressant de tomber amoureux, activant le fantasme enfoui au plus profond d'eux-mêmes du « ils vécurent heureux pour toujours ». Les nouveaux amants se voient déjà éprouver des sentiments éternels – puis la réalité s'en mêle et la relation prend une tournure inattendue. Pourquoi ?

Si vous avez un jour été attiré par quelqu'un qui n'était pas fait pour vous, amoureux d'une personne qui ne vous plaisait pas, ou incapable de trouver celui ou celle avec qui vous aviez toujours rêvé d'être, vous faites partie de ceux qui, innombrables, ont fait l'expérience du conflit qui oppose désir conscient et besoin inconscient. C'est votre inconscient qui a pour mission de chercher la personne idéale. « J'ai beau choisir des partenaires très différents, le résultat est toujours épouvantable, s'interroge une femme récemment divorcée. Le test de sélection peut-il m'expliquer pourquoi je me retrouve à chaque fois dans les mêmes situations relationnelles ? »

Eh bien, oui.

Voulez-vous rencontrer l'âme sœur ? Voulez-vous améliorer votre relation avec votre partenaire actuel ? Voulez-vous vous remarier et cette fois-ci vivre « heureux pour toujours » ? Non seulement ce livre vous expliquera d'où vient l'attirance magnétique que vous avez parfois pu ressentir à l'égard de certaines personnes, mais il vous aidera à modifier le modèle de fonctionnement de vos attirances à l'avenir. Vous apprendrez à maîtriser ce modèle inconscient et à vous sortir de relations sans issue.

Certes, vous en avez peut-être retiré quelque chose à chaque fois, mais la sagesse rétrospective ne suffit pas toujours. L'expérience est une rude école en matière d'affaires de cœur. Et il est possible que vous n'ayez jamais compris ce qui allait de travers.

Ce livre est le résultat de plus de vingt ans d'expérience professionnelle passés à soigner, conseiller et étudier les couples. Au fil du temps, j'ai acquis la conviction de plus en plus profonde que les problèmes rencontrés par la plupart des gens après le  mariage ne sont pas liés à des questions d'ajustement, mais à des changements de personnalité dont l'apparition est conditionnée à l'évolution de la relation. Les plaintes que j'entends quotidiennement à ce sujet sont universelles. En voici un florilège :

« Il n'était pas comme cela au début de notre relation ! »

« Tout allait bien jusqu'à ce que nous couchions ensemble. »

« Si j'avais su que la vie avec elle c'était ça, je ne me serais jamais mis en ménage. »

« Nous n'aurions jamais dû nous marier, mais c'est trop tard maintenant. »

« C'est encore pire depuis que nous avons des enfants. »

Il n'y a rien de plus triste que d'avoir des enfants avec la mauvaise personne. Beaucoup de patients malheureux en amour me demandent : « N'y a-t-il pas moyen de savoir *avant* de se marier comment ça se passera après ? » Telle est précisément la question à laquelle répond ce livre.

Vous apprendrez à vous libérer du modèle relationnel erroné que vous avez hérité du passé et à orienter vos antennes attractives de façon à capter les signaux inconscients qui vous dirigeront vers le bonheur. Vous saurez comment entrer en contact avec le ou la partenaire idéal(e) et mettre une sourdine au vacarme que produisait auparavant votre esprit relationnel compulsif.

Le test de sélection proposé dans la première partie est simple et rapide. J'ai éprouvé son efficacité des centaines de fois lors de mes consultations ou dans les ateliers que j'anime. Il a permis à un grand nombre de personnes de surmonter la peur, l'angoisse et l'immense frustration ressenties pendant des années à la suite de choix calamiteux. Il neutralise le facteur conjoncturel en prévoyant ce que donnera une relation avant même qu'elle n'ait commencé.

Si vous êtes déjà en couple, ce livre vous fournira des clés pour identifier les problèmes cachés qui gisent au cœur de votre relation et vous montrera comment les résoudre afin de vivre comme vous en avez toujours rêvé. Ce guide pratique et progressif vers le bonheur s'appuie sur les exemples que j'ai pu rassembler au cours d'un millier d'études de cas.

Le système psychogénétique que j'ai mis au point n'est ni théorique ni compliqué. Il fonctionne de manière fiable pour chacun, quel que soit le type de relation. Des jeunes comme des plus âgés l'ont appliqué et il a prouvé qu'il était un moyen efficace de faire le bon choix. Des centaines de personnes ont réussi, après avoir saisi ce qui se passait vraiment à l'intérieur d'elles-mêmes, à programmer autrement le modèle relationnel négatif qui était le leur.

Maintenant c'est à vous de comprendre pourquoi *vous* choisissez *vos* partenaires... et ce qu'il adviendra après, lorsque vous serez en couple.

LE TEST DE SÉLECTION

L'objectif de ce test est de faire apparaître votre programmation inconsciente. Lisez les instructions qui vous sont données pour la première étape, mais n'allez pas plus loin avant d'avoir fini le test. Le système psychogénétique sera expliqué au fur et à mesure que vous progresserez dans le livre.

Première étape :
retrouver ses souvenirs d'enfance

Le test de sélection comprend trois étapes. La première consiste à faire un tableau de l'histoire de votre enfance. Vous aurez à remplir les blancs correspondant à chaque section, sans vous arrêter pour réfléchir ou modifier vos premières réponses. Les réponses les meilleures sont constituées par les mots qui vous viennent d'abord à l'esprit après avoir lu les instructions, et elles sont justes dès lors qu'elles reflètent ce que vous ressentiez vraiment lorsque vous étiez enfant.

Vous disposez de dix minutes pour remplir les

Te

Première étape : tablea

2. Décrivez l'allure, la personnalité et le comportement de votre mère (ou du parent de sexe féminin qui s'occupait de vous) dans son rôle d'adulte quand vous étiez enfant (de 0 à 10 ans) :

8. Décrivez la relation de parents entre eux quand v étiez enfant (de 0 à 10 ans

6. Décrivez la relation mère-enfant qui était la vôtre :

4. Décrivez votre mère dans son rôle de parent quand vous étiez enfant :

1. Décrivez l'enfant que v étiez (de 0 à 10 ans) :

ction
toire de votre enfance

3. Décrivez l'allure, la personnalité et le comportement de votre père (ou du parent de sexe masculin qui s'occupait de vous) dans son rôle d'adulte quand vous étiez enfant (de 0 à 10 ans) :

7. Décrivez la relation père-enfant qui était la vôtre :

5. Décrivez votre père dans son rôle de parent quand vous étiez enfant :

huit sections du tableau. C'est simple comme bonjour. Plus vous irez vite, plus les résultats seront précis. Mais commençons par le commencement – votre commencement.

Rendez-vous au milieu du tableau et commencez par la section 1 qui vous demande de vous décrire enfant, de la naissance jusqu'à l'âge de dix ans. Établissez une liste des traits de votre personnalité, de vos comportements, de ce que vous ressentiez par rapport à vous-même, etc.

Faites la même chose pour les sections 2 à 5 en décrivant chaque personne dans son rôle, puis de la section 6 à 8 racontez ce que chaque association de personnages ressentait par rapport à l'autre, ce qu'ils faisaient ensemble, comment ils communiquaient et interagissaient pendant votre enfance. Si l'un de vos parents était absent, notez-le, ainsi que tout ce que vous pouviez savoir de cet adulte quand vous étiez enfant.

Mettez un plus (+) ou un moins (–) en haut de chaque section (de 1 à 8) afin de décrire le sentiment général qui était le vôtre pendant l'enfance par rapport à telle personne ou à telle relation.

Cochez d'un trait le parent qui était votre adulte préféré (section 2 ou 3) et d'un autre le parent qui était votre parent préféré (section 4 ou 5). Ce ne sont pas toujours les mêmes. Si vous n'aviez pas de parent préféré, sautez cette étape.

Maintenant que vous avez terminé la première étape du test de sélection, laissez-moi vous expliquer d'où vient le stress que vous avez peut-être ressenti en répondant aux questions.

Premièrement, tout test est stressant, et plus encore lorsque vous ne disposez que de dix minutes pour le faire. Deuxièmement, en vous posant des questions sur les personnes et les relations qui composaient votre famille d'origine, je cherche à vous ramener par le souvenir à l'époque où vous étiez enfant, époque que vous vous rappelez bien ou mal – ou dont vous ne voulez peut-être pas vous souvenir du tout. Il est en outre stressant d'essayer de noter une masse importante de renseignements dans un si court laps de temps, sans compter que des sentiments désagréables ont pu surgir quand vous vous êtes efforcé de vous remémorer certains souvenirs déplaisants.

Beaucoup de personnes qui passent ce test tentent vraiment d'oublier les périodes désagréables ou pénibles de leur enfance et opposent de la résistance à l'idée de régresser jusqu'à cette époque. « Certains faits valent mieux être oubliés », se dit-on parfois. Mais « oubliés » signifie que l'événement a quitté l'esprit conscient pour se réfugier dans l'inconscient. Même si vous avez eu une enfance heureuse, la plupart des moments qui l'ont composée se sont échappés de votre conscience pour être conservés dans votre inconscient. Il nous faut donc accéder à cet inconscient si nous voulons retrouver les informations sur notre enfance dont nous avons besoin pour planter le décor du test. *La psychogénétique est l'étude des modèles relationnels inconscients et le test de sélection constitue la première étape permettant de les dévoiler.*

Ce sera peut-être plus facile si vous repérez un événement à partir duquel vous pourrez commencer à vous remémorer votre enfance. Ainsi, tout le monde ou presque garde en mémoire un souvenir de la primaire ou de la maternelle, comme par exemple le premier jour d'école. Pour la première fois sans doute, vous quittiez le monde connu pour entrer dans l'inconnu. Tout changement est stressant : celui-là le fut sans aucun doute, et vous vous en souvenez ou vous l'évitez peut-être pour cette simple raison. Vous abandonniez l'environnement familial auquel vous étiez habitué. *La prise de conscience est souvent étouffée par la répétition mais exacerbée par le contraste.* C'est pourquoi la rentrée scolaire constitue souvent un repère dans le temps qui permet à la plupart des adultes de retrouver certains de leurs souvenirs d'enfance profondément enfouis – quels enfants ils étaient, comment étaient leurs parents, ce qui se passait à la maison après l'école, ce qu'était leur vie avant le jardin d'enfant ou l'école primaire.

Vous vous demandez sans doute à quoi cela peut bien servir. Cela n'appartient-il pas au passé ? En êtes-vous si sûr ?

Deuxième étape : exercice sur la famille d'origine

Décrivez maintenant votre vécu familial pendant votre enfance, de la naissance à dix ans. Il est important de noter tout ce dont vous pouvez vous souvenir de votre vie de famille à l'époque, notamment pendant vos premières années.

Faites la liste des membres de votre famille et mettez un plus (+) ou un moins (–) à côté de chacun pour décrire ce que vous ressentiez alors par rapport à lui.

Si cet exercice fait remonter en vous des sentiments qui vous mettent mal à l'aise, notez-les en face du nom de la personne.

Notez également les exemples, événements ou traumatismes particuliers qui vous reviennent et qui ont pu affecter certaines personnes ou la relation que vous aviez avec elles.

Indiquez votre âge et l'âge des membres de votre famille lorsque vous décrivez ces événements, ainsi que l'environnement dans lequel vous évoluiez à l'époque.

Exercice sur la famille d'origine

Troisième étape : la relecture

Tout ce que vous venez de noter au cours des deux premières étapes du test de sélection prendra sens plus tard dans le courant du livre et vous vous féliciterez alors du sérieux avec lequel vous avez travaillé. Prenez encore quelques minutes pour relire toutes vos réponses en vous accordant le temps nécessaire pour entrer dans les détails et noter les exemples qui vous reviennent en mémoire pour chaque section. Vous pouvez les inscrire sur le test lui-même ou sur une feuille à part s'il vous faut davantage de place.

Attention : ne modifiez pas les réponses qui figurent déjà sur le test. Contentez-vous d'apporter des précisions en prenant des exemples ou en ajoutant certains souvenirs qui vous viennent à l'esprit.

Vous devez également décrire chaque membre et chaque relation de votre famille d'origine telles que vous les viviez à l'époque et non pas telles qu'ils sont aujourd'hui. N'hésitez pas à griffonner tout mot ou toute réplique qui vous revient en mémoire.

Ne vous inquiétez pas si vos réponses n'ont pas de sens, ne sont pas logiques, s'il y a des incohérences de date ou si vous n'éprouvez pas aujourd'hui les mêmes sentiments à l'égard de vos parents ou de la relation que vous entretenez avec eux. Vos parents ont sans doute énormément changé depuis l'époque de votre enfance.

Vous vous demandez peut-être s'il est vraiment nécessaire de prendre autant de temps pour accomplir ce travail de mémoire. Croyez-moi, le jeu en vaut la chandelle et vous êtes déjà sur le point d'en apprendre plus que vous ne l'imaginiez sur la manière dont vous trouvez vos partenaires. Les informations que vous venez de livrer sur vous-même vous aideront plus tard à évaluer votre processus relationnel.

Cependant, certains lecteurs ne sont pas prêts à effectuer le travail de transformation intense qu'ils sont invités à faire ici. Aussi, vous pouvez tout à fait décider de commencer par lire le livre en entier avant de revenir en arrière et de faire les exercices séparément. Les questions qui figurent à la fin de chaque partie ont pour but d'accroître votre prise de conscience et de vous aider à faire des associations inconscientes même si vous ne vous rappelez pas ce qui s'est produit durant votre petite enfance.

NOTE : Si vous ne voulez pas répondre par écrit aux questions qui suivent, contentez-vous de les lire et soyez attentif à ce qui vous vient d'abord à l'esprit.

Même si l'écriture représente une part importante du processus de découverte de soi et qu'elle est recommandée à partir de maintenant, elle reste optionnelle. Les exercices et les questions permettront de toute façon à votre inconscient de s'entraîner.

CHAPITRE PREMIER

La question

Le conte de fées commence

Il était une fois un prince et une princesse qui se rencontrèrent, tombèrent amoureux, se marièrent et vécurent *heureux pour toujours*. Les contes de fées ne parlent pas de relations sexuelles ou d'enfants, mais juste d'une histoire d'amour romantique.

Dans la réalité, cependant, les choses sont assez différentes. Deux personnes se rencontrent, tombent amoureuses, font l'amour, se mettent en ménage et se marient. Encore que cela ne se déroule pas forcément dans cet ordre-là. La femme peut commencer par tomber enceinte. L'homme et la femme peuvent décider de garder le bébé ou non. De se marier à cause de l'enfant ou non. Souvent, ils se séparent. Dans une relation de couple, chaque étape produit une autre série d'obstacles à surmonter. Les gens aiment ou n'aiment plus pour des raisons qu'ils ne comprennent pas. Un couple sur deux ne vit pas un conte de fées et divorce.

Aujourd'hui, les opinions sur le mariage évoluent

rapidement. Comme pour un bon vin, une paire de pneus ou une ampoule électrique, c'est la durée qui faisait traditionnellement la qualité du mariage. De ce point de vue, les performances sont mauvaises actuellement. Malgré cela, le mariage jusqu'à-ce-que-la-mort-nous-sépare représente encore le but à atteindre pour les couples et les amoureux. Pourtant – et cela vous surprendra peut-être – le mariage d'amour est une institution relativement récente.

La célèbre légende de Camelot raconte l'histoire de Guenièvre et d'Arthur, dont le mariage avait été arrangé pour des raisons politiques. Guenièvre se rendait au royaume de Camelot pour épouser le roi Arthur – qu'elle n'avait jamais vu – lorsqu'elle rencontra celui-ci dans la forêt où elle s'était arrêtée pour se reposer. Ils tombèrent amoureux comme par magie sans que la jeune fille sache que c'était là l'homme auquel elle était déjà promise. Tout était donc pour le mieux dans le meilleur des mondes, direz-vous. Pas tout à fait, car l'histoire continue.

À l'époque, les mariages n'étaient pas fondés sur l'amour romantique. Celui-ci formait un ingrédient indépendant représenté par l'extase émotionnelle qu'une ou parfois deux personnes éprouvaient l'une envers l'autre et qui élevait leurs émotions terrestres à un niveau spirituel. L'amour physique relevait d'une énergie plus basse. L'acte sexuel était destiné à satisfaire un désir ou à procréer. Le mariage n'était donc pas une association amoureuse, mais un contrat légal établi pour protéger ses enfants et ses biens.

Autrefois, les parents arrangeaient ou bloquaient les unions de leurs enfants sans se soucier des sentiments de ces derniers. Souvent, ils « donnaient » (au sens littéral) leur fille en mariage à des hommes qu'elle ne connaissait ni n'aimait. L'absence de consentement parental avait empêché Roméo et Juliette de s'unir légalement, mais pas de recevoir une bénédiction secrète de la part d'un prêtre compréhensif. Leur histoire donna un sens nouveau à l'expression : « jusqu'à ce que la mort nous sépare ».

L'amour courtois n'était pas sexuel et était autorisé entre une femme mariée et un chevalier qui lui rendait hommage, portait ses couleurs et massacrait les dragons en son honneur. J'exagère à peine. Or, voici que Guenièvre et Lancelot changèrent les règles du jeu. Nous savons tous que la reine se détourna du roi pour s'amouracher du chevalier à l'armure flamboyante. Autrement dit, ils eurent une liaison. Leur passion se consuma en un acte sexuel au lieu de s'exprimer par des ballades et une adoration mutuelle. Guenièvre trahit Arthur et rompit les liens du mariage. Sauf qu'à l'époque on ne divorçait pas quand on trompait son mari. Le mariage durait bien *jusqu'à la mort*. La reine fut donc enfermée dans un couvent et la vie à Camelot s'interrompit de manière tragique, comme dans la plupart des mariages aujourd'hui.

Le mariage d'amour

Malgré les avertissements prodigués par les contes et légendes, l'idée que l'amour romantique est nécessaire au mariage a fait florès. Au cours des siècles, l'amour est progressivement devenu la principale raison pour laquelle on se mariait. Cependant, le consentement parental demeurait encore important pour la génération qui nous précède et un prétendant était censé demander la main de la jeune fille qu'il voulait épouser à ses parents. Les amoureux convolaient d'abord pour pouvoir coucher ensemble et les vœux qu'ils échangeaient devaient durer toute la vie. Celle-ci était bien entendu beaucoup moins longue qu'aujourd'hui.

Il y a deux générations, rares étaient les couples qui fêtaient leur vingt-cinquième anniversaire de mariage. La mort les séparait en général au bout de vingt ans, faisant de nombreux veufs et veuves. On divorçait peu, et seulement en cas d'adultère. Les relations sexuelles hors du cadre conjugal – avant, pendant et après le mariage – étaient mal considérées.

Indéniablement, les temps ont de nouveau changé. Le taux des divorces, qui n'avait cessé d'augmenter entre le milieu des années 1960 et le milieu des années 1980, stagne depuis une dizaine d'années. Mais il convient de mettre cela en parallèle avec une chute du taux des mariages. Quel que soit l'âge, la sexualité fait partie intégrante du processus amoureux et, pour beaucoup, le concubinage a remplacé les fiançailles formelles. De nos jours, la plupart des jeunes gens se marient pour avoir des enfants.

Une plaisanterie dit que le mariage est devenu la cause première des divorces. Elle n'est pas sans fondements. Alors que les premiers signes de problèmes conjugaux étaient connus autrefois sous le nom de « crise des sept ans », la durée moyenne des mariages se situe actuellement entre sept et onze ans.

QUESTIONS

Que signifie le mariage pour vous ?

Si vous êtes célibataire, pour quelles raisons voulez-vous vous marier ? Si vous êtes déjà marié(e), pour quelles raisons vous êtes-vous marié(e) ?

Ces raisons sont-elles toujours valables ou en avez-vous maintenant de nouvelles pour vouloir vous marier ou pour rester marié(e) ?

À la recherche du prince charmant

Le problème vient-il du mariage lui-même ou d'un allongement de l'espérance de vie ? Nous marions-nous pour de mauvaises raisons ? Quelles sont alors les bonnes raisons ? Nous marions-nous et divorçons-nous trop vite ? Serait-il possible qu'une partie du problème réside dans le choix que nous faisons de notre partenaire ? Que recouvre l'éternelle attirance pour le « grand brun séduisant » ou la fille qui mesure « 1,75 mètre avec des yeux bleus » ?

Comment choisissons-nous nos partenaires ? Vous n'imaginez pas les réponses que vous aurez à cette question lorsque vous aurez lu ce livre. Elles ne vous plairont peut-être pas toutes, mais elles auront sans doute plus de poids pour vous que toutes les théories auxquelles vous avez cru ou dont on vous a rebattu les oreilles jusqu'ici.

Voici ce que dit l'une de mes clientes : « Il y a trois ans, quand j'ai décidé de me remarier, je n'arrivais pas à comprendre pourquoi je ne tombais jamais sur le type d'homme que j'aurais voulu épouser. Ceux qui me plaisaient étaient déjà mariés ou ne s'intéressaient pas à moi. Les seuls qui voulaient m'épouser étaient ceux qui ne m'attiraient pas. J'était déjà passée à côté d'une douzaine d'occasions de me marier, ou disons plutôt que j'en avais *évité* une douzaine. Par trois fois je m'étais énervée et j'avais mis fin à une relation avant même de vraiment m'engager. Je sais maintenant pourquoi je n'ai jamais réussi à me remarier tout en prétendant vouloir le contraire. J'ai compris qu'il existait un conflit entre le désir exprimé par mon esprit conscient et mes besoins inconscients. Je n'avais jamais entendu parler de la psychogénétique avant de passer le test de sélection. Grâce à elle, je comprends de quelle manière je suis programmée. »

Vous vous demandez sans doute ce que sont la psychogénétique et la programmation. Chacun a en lui une carte inconsciente du monde. C'est ce qui le guide au quotidien, minute par minute, personne par personne. *Vous pouvez certes choisir de laisser entrer quelqu'un dans votre vie, mais une part de vous-même, non reconnue et programmée, décide de la personne et vous n'avez guère votre mot à dire quant à la cible.* Ce livre vous emmènera à la rencontre de cette part de vous-même et vous permettra de vous comprendre bien mieux qu'auparavant.

QUESTIONS

Que n'avez-vous pas compris sur vous-même dans le cadre d'une relation amoureuse passée ?

Qu'est-ce qui continue de vous intriguer dans la relation de vos parents ?

Pour le meilleur et pour le pire

Nous savons tous que le mariage peut détruire les meilleures relations du monde. Des couples qui avaient vécu très heureux pendant des années alors qu'ils étaient amants commencent, une fois mariés, à rencontrer des problèmes d'adaptation. Il ne s'agit pourtant pas d'unions arrangées entre des personnes étrangères l'une à l'autre. Certains ont déjà un enfant ensemble. On pourrait penser qu'ils se connaissent suffisamment. Quelles surprises leur reste-t-il à découvrir ?

« Je ne sais pas ce qui nous est arrivé », pleure la jeune mariée qui me raconte comment elle a quitté son amour d'enfance à peine trois mois après leur mariage. « Tout allait bien... jusqu'à ce qu'on se marie. Là, il a changé du tout au tout. Je n'avais jamais imaginé qu'il puisse me traiter si mal. Il s'est transformé en monstre. »

Il y a des années, on aurait déclaré que cette première crise d'adaptation chez un couple jeune marié correspondait à « la fin de l'effet lune de miel ». D'autres problèmes allaient surgir avec l'arrivée du premier enfant, puis il y aurait une accalmie jusqu'à la crise des sept ans, durant laquelle l'homme aurait envie d'aller voir ailleurs. Les temps changent. Les études les plus récentes montrent que, pour la première fois dans l'histoire des couples, les femmes sont plus nombreuses à être infidèles pendant la première décennie de leur mariage que les hommes : une femme sur trois a eu une aventure extraconjugale contre un homme sur quatre. Les faits sont là pour témoigner que 40 % de l'un ou l'autre partenaire ont à un moment ou à un autre au moins une aventure en dehors de leur mariage.

Et pourtant, les célibataires continuent sans se démonter de chercher le conte de fées dont ils refusent désespérément de remettre en cause l'existence. Ils se laissent séduire les uns après les autres par le rêve de la félicité conjugale, bien que la promesse du bonheur éternel échappe mystérieusement à la plupart et que l'avenir ressemble plus à un conte de Grimm qu'à un conte de fées. Désespérés, frustrés ou libérés, les gens se créent de nouveaux modes de vie afin de faire face à un allongement de l'espérance de vie et à un abaissement de la durée du mariage.

QUESTIONS

Combien de temps vos parents se sont-ils fréquentés avant de se marier ?

S'agissait-il de leur premier mariage ? De leur second ?

Sont-ils restés seuls après la fin de leur relation ? Combien de temps ?

Célibataire par choix ou par hasard

Dans les années 1990, pour la première fois, le célibat est devenu un choix de vie légitime. L'étiquetage social qui transformait la vieille fille et même la veuve en parias est obsolète. Aucun terme méprisant n'est jamais venu ternir l'image de l'homme seul, qualifié simplement de célibataire ou, de manière plus élégante encore, de bon parti, expressions encore en usage aujourd'hui.

Pourtant, si le fait de vivre seul était considéré autrefois comme plus négatif pour la femme que pour l'homme, nous avons récemment assisté à un renversement des rôles. Le statut de femme seule est devenu plus enviable que celui de femme au foyer. Seul le rappel de leur horloge biologique a poussé certaines de ces femmes actives à passer devant Monsieur le Maire. Un nombre croissant d'hommes qui redoutaient de se retrouver prisonniers des liens du mariage sont aujourd'hui à la recherche de femmes prêtes à se stabiliser et à élever une famille au lieu de construire leur carrière.

Plus de la moitié de la population adulte américaine est seule et le restera. Beaucoup ont renoncé à l'idée de trouver un conjoint pour toute la vie, préférant à la place des relations simultanées, successives, ou bien le célibat.

Il n'empêche, année après année, une multitude de personnes sans attaches affectives partent en quête du partenaire de toute la vie et mettent en œuvre les techniques les plus récentes permettant de le trouver. Ils lisent des guides pratiques, suivent des séminaires, consultent des thérapeutes, des diseurs de bonne aventure, des gourous, des astrologues, des agences matrimoniales, des entremetteuses, fréquentent les bars de célibataires et les clubs de rencontre, ou s'inscrivent dans des groupes spirituels, pour se trouver immanquablement confrontés à des résultats de plus en plus catastrophiques.

La moitié des premiers mariages finit par un divorce dans les dix premières années et, parmi les mariages qui durent plus longtemps, seul un sur quatre est dit heureux. 80 % des hommes se remarient dans les trois ans qui suivent leur premier divorce, contre seulement 60 % des femmes de trente-cinq ans et moins.

Les femmes mettent plus longtemps à trouver un deuxième conjoint et certaines ne se remarient jamais. Pendant la semaine, leur deuxième mari doit le plus souvent jouer le rôle du beau-père alors que, durant les week-ends, la deuxième femme de leur ex se transforme en marâtre. Les accrochages au sujet de « tes, mes et nos » enfants seraient à l'origine de 60 % des deuxièmes divorces.

25 % des troisièmes et un impressionnant 75 % des quatrièmes mariages finissent par un divorce. Il est possible que les chiffres soient meilleurs pour les troisièmes mariages parce que les conjoints sont alors trop fatigués ou trop fauchés par leur précédent divorce et par leur séparation pour se lancer à nouveau dans l'aventure. Certains abandonnent tout simplement l'idée de trouver un jour le partenaire idéal et se contentent d'aventures sans lendemain qui leur donnent la liberté de continuer à fréquenter d'autres personnes.

En tant que thérapeute, j'ai souvent eu l'occasion

d'entendre le cri solitaire des divorcés qui rêvent de recommencer une relation, mais redoutent de souffrir à nouveau. Après avoir vu plusieurs de leurs choix idéaux se transformer en cauchemars, ces vétérans traumatisés sont très réticents à l'idée de se lancer dans une nouvelle relation. « Mon dernier mari était vraiment le dernier. Plus jamais ça », jurent maintenant certaines ex sans illusion. Elles ne savent dire que cela, et il n'y a là rien d'étonnant.

Mais ce qui surprend la plupart des gens, ce sont ces hommes et ces femmes qui se marient alors qu'ils ne cessent de se chamailler et qui, pour une raison ou pour une autre, vivent une formidable histoire de couple. Personne n'aurait jamais pensé que ces deux-là étaient faits l'un pour l'autre – pas même eux. À moins d'avoir au préalable passé le test de sélection qui leur aurait par avance démontré clairement que leur nouvelle relation irait en se bonifiant avec le temps.

Système psychogénétique et prédiction : le cas de Virginie

Dans certains couples, le mariage fait comme par magie ressortir ce qu'il y a de meilleur chez chacun des partenaires. Pourquoi ? « J'imagine que j'étais enfin prêt à me poser », déclare Grégoire, un célibataire endurci qui cherche à expliquer pourquoi, du jour au lendemain, il a changé de vie en épousant une jeune divorcée rencontrée à peine quelques mois plus tôt.

La divorcée en question, Virginie, vingt-six ans,

avait deux jeunes garçons de son premier mariage. Grégoire et elle eurent une petite fille. À la surprise de tous, Grégoire s'était, à quarante-quatre ans, transformé en un beau-père et père au foyer aimant. « Je n'ai jamais été aussi heureux », affirme-t-il aux copains avec qui il allait autrefois traîner dans les bars.

Faut-il n'y voir que l'effet d'un bon timing ? Grégoire s'est-il contenté d'attendre la femme idéale ? Savait-il depuis le début ce qu'il cherchait ?

Il est facile de comprendre pourquoi un homme épouse une femme beaucoup plus jeune que lui, mais qu'est-ce qui a poussé Virginie à épouser un homme bien plus âgé qu'elle, de surcroît porté sur la boisson ? Comment pouvait-elle savoir que Grégoire se révélerait si différent après le mariage ? Avait-elle eu l'intuition qu'il serait capable de se stabiliser alors qu'elle ne le connaissait que depuis peu de temps ? Avait-elle tout simplement eu de la chance ?

Écoutez la réponse de Virginie : « Vous plaisantez ? Mon premier mariage avait été désastreux et il n'était pas question que je prenne le moindre risque avec le second. Je suis d'abord allée passer le test de sélection et j'ai poussé Grégoire à le faire aussi. Cela m'a permis de comprendre qu'il arrêterait de boire, qu'il serait un mari attentionné et un bon père pour mes fils. Ce fut un grand soulagement. Je n'étais pas prête à commettre à nouveau la même erreur. » Le système psychogénétique avait ainsi donné à Virginie la possibilité de prévoir, avant de se retrouver trop engagée, ce qu'il adviendrait de sa relation après le mariage.

EXERCICES

Faites la liste des relations passées dans lesquelles votre partenaire ou vous-même vous êtes améliorés au fil du temps.

Faites la liste des relations où c'est l'inverse qui s'est produit.

Pour chaque relation, identifiez le moment au cours duquel se sont produits les changements :
- rencontre,
- rendez-vous,
- vie commune,
- fiançailles,
- mariage,
- naissance des enfants : premier, deuxième, troisième, etc.,
- entrée des enfants dans l'adolescence,
- séparation,
- divorce,
- remariage,
- en devenant beau-parent,
- en devenant grand-parent.

De mal en pis

Combien de fois avez-vous entendu quelqu'un déclarer : « Plus jamais je ne me retrouverai impliqué dans une histoire avec ce type de personne »... et de le voir peu de temps après se précipiter dans le même genre de relation ?

Je les entends d'ici : « Pour une raison que j'ignore, je suis toujours attiré par la même sorte de partenaires, qui sont justement ceux qui ne me conviennent pas. C'est vraiment idiot. » Peut-être vous êtes-vous fait cette réflexion.

Ou alors celle-ci : « C'est comme si j'étais incapable de rencontrer un autre genre de personne. Quoi que je fasse, je me retrouve toujours avec des losers. Qu'est-ce qui ne va pas chez moi ? Est-ce de ma faute ? »

Ces questions, et d'autres du même acabit, abondent chez ceux et celles dont les relations se sont détériorées. Leur incapacité à comprendre ce qui n'a pas fonctionné les pousse à rejeter la responsabilité sur leur conjoint. « C'est sûrement sa faute », ou : « Je ne comprends pas », ou encore : « Les femmes vous méprisent si vous les traitez trop bien », disent-ils sans comprendre pourquoi cela se révèle souvent être vrai.

À ce jour, personne n'a réussi à expliquer de manière convaincante pourquoi tant de braves gars et de gentilles filles se choisissent des partenaires si mal assortis, ou pourquoi des choix relationnels qui semblent bons en apparence tournent mal une fois le couple marié. « C'est exactement ce que je craignais de reproduire, déclarait Virginie. Il est souvent difficile de prédire au premier abord ce que deviendra une personne plus tard. »

Chez certains couples cependant, les troubles conjugaux sont *vraiment* apparents dès le début. La première rencontre est négative. Ils se chamaillent. Ils se disputent. Ils rompent. Chacun pense que cela vaut mieux ainsi. Mais, contre toute attente, ils se réconcilient et finissent par se marier. « Je ne miserai pas un centime sur l'avenir de ce couple », se dit-on, et souvent à juste titre.

Mais il arrive que M. et Mme Mal-Assortis continuent ensemble pour le bien des enfants. Ils ne font souvent que se supporter. Ils ne furent jamais amis et ne le seront jamais. D'autres choisissent de se répandre en plaintes bruyantes. Mais bien que leur vie de famille ne soit qu'un champ de bataille, ils restent ensemble.

Pourquoi ?

EXERCICE

Avez-vous été attiré par, follement amoureux de, ou avez-vous eu une relation avec quelqu'un que vous n'aimiez pas ou avec qui vous vous disputiez la plupart du temps ?

Qu'est-ce qui vous attirait chez cette personne et vous rendait incapable de vous en détacher ?

Reprenez chaque exemple et décrivez jusqu'où est allée la relation.

Amis ou amants

Observons maintenant les gens qui se sont toujours bien entendus et qui sont amis depuis des années, sans avoir jamais été attirés sexuellement ni amoureusement l'un par l'autre. Leurs familles et leur entourage souhaiteraient qu'ils soient plus que des amis, mais ils n'en éprouvent pas l'envie sans comprendre vraiment pourquoi, alors qu'ils se sentent proches sur une foule de points importants.

« Chantal et moi sommes tous les deux célibataires et nous nous sentons seuls l'un et l'autre, raconte Jacques. Nous sommes amis depuis longtemps. Hélas, il n'y a pas l'étincelle entre nous. Si seulement je n'avais pas essayé d'aller au-delà de l'amitié pour la séduire. Je me sens assez mal à l'aise avec elle depuis. Nos amis veulent toujours nous marier. Mais j'ai besoin de ressentir de la passion. C'est vraiment trop bête. Je l'aime beaucoup. Tout le reste est parfait. Cela n'a pas de sens. »

Pourquoi Jacques est-il incapable d'éprouver des sentiments pour Chantal ? Et pourquoi doit-il en être *ainsi* de toute façon ?

Pour nombre de gens, il s'agit de choisir clairement entre être amis et être amants. Les amis de longue date décident souvent à dessein de ne pas franchir la ligne, de ne pas prendre le risque de mettre fin à une amitié en couchant ensemble. Ils savent que les choses ne seront plus les mêmes entre eux dès lors que le sexe fera partie du tableau ; mais, incapables de dire si les changements seront positifs ou négatifs, ils choisissent d'avoir des relations sexuelles avec un ou une autre partenaire, souvent quelqu'un qu'ils n'aiment ou ne connaissent pas autant.

Malheureusement, rares sont les meilleurs amis qui deviennent amants et sont heureux en ménage. La plupart des couples commencent par être amants, puis amis lorsque leur relation évolue. Soit ils se font à leurs différences, soit ils apprennent à les tolérer. S'ils n'arrivent pas à s'entendre mais qu'ils n'ont pas envie de rompre, ils vont consulter un thérapeute. Et c'est alors à moi de trouver où ça bloque et de les aider à trouver une solution.

EXERCICE

Nommez cinq amis et cinq amies, et établissez la liste de leur personnalité, de leurs comportements, de leurs activités préférées et de leurs centres d'intérêt.

Décrivez à quoi ils ressemblent.

Mettez un plus (+) ou un moins (–) en face de chacune de leurs caractéristiques.

Cochez les caractéristiques et centres d'intérêt que vous avez en commun avec chacun de ces dix amis et faites une croix (x) en face de vos différences

Lequel de ces amis vous attire sexuellement ?

Lequel est attiré par vous ?

Malheureux pour toujours

« Où est passée la fille adorable et amoureuse que je connaissais avant ? se demande Jean. Paule s'est montrée tellement gentille avec moi quand nous nous sommes rencontrés. Nous avons été amis pendant des années, mais je ne comprends vraiment pas ce qui lui est arrivé. Elle n'a jamais été comme cela avant nos fiançailles. Que s'est-il passé ? Si j'avais su qu'elle se transformerait en une telle peste ! Elle doit avoir un problème de personnalité ou quelque chose comme ça. Peut-être qu'on ne devrait pas se marier. J'étais fou d'elle, mais je ne ressens plus rien de tel à présent. Pourquoi s'est-elle transformée en petit chef à partir du moment où nous avons commencé à organiser le mariage ? »

Et que dire de Jacques et de Melissa, qui s'aimaient depuis l'enfance et qui se sont séparés à peine quelques mois après leur mariage, sans même avoir ouvert tous les cadeaux qu'ils avaient reçus, laissant leurs proches abasourdis ? Personne ne sait dire ce qui leur est arrivé, et le couple consterné moins que quiconque. Melissa est incapable d'expliquer la transformation émotionnelle qu'elle a vécue après avoir épousé Jacques : « J'ai été submergée par un sentiment inconnu. Toute la passion que j'éprouvais m'a quittée. J'ai détesté le mariage. J'aurais dû rester célibataire. Je l'aimais tant avant, pourquoi n'ai-je plus éprouvé les mêmes sentiments ensuite ? »

Ils ne sont pas les seuls dont les relations se détériorent. « Mon mariage était parfait, raconte Ella. Mon mari et moi étions de grands amis jusqu'à l'arrivée des enfants, puis il a commencé à boire et à rentrer tard. Il dit que je m'occupe trop des gosses, mais ils sont petits et ils ont besoin de moi. Il doit grandir et arrêter de se conduire comme un enfant gâté. Il n'écoute plus rien de ce que je dis à présent. Il n'a aucune patience avec les gamins et ils ont peur de lui. Il se comporte comme son père alcoolique, qu'il détestait. Pour quelles raisons les choses en sont-elles arrivé là ? Je ne parviens pas à comprendre pourquoi il a un tel comportement abusif aujourd'hui. Il était si gentil jusqu'à ce que je tombe enceinte. Peut-être que la paternité lui a demandé un trop grand effort d'ajustement ? »

Beaucoup de gens font état de changements de personnalité importants, non seulement chez leur conjoint, mais aussi chez eux, à mesure qu'ils passent d'une phase à l'autre de leur relation. Si certains changements peuvent améliorer la relation, ils lui portent d'autres fois un coup fatal.

Rien en commun

Au fil du temps, il m'est apparu de plus en plus clairement que la plupart des couples en crise qui venaient consulter traversaient plus que des problèmes d'ajustement, problèmes auxquels ma formation de thérapeute m'avait préparée. Mais j'eus l'impression de me trouver face à une multitude de couples mal assortis, soit qu'ils n'aient eu que très peu en commun depuis le début, soit que des dissensions plus profondes soient apparues après que la relation eut atteint un stade suffisamment avancé.

Pour dire les choses simplement, beaucoup étaient tombés amoureux de la mauvaise personne s'ils voulaient vivre la relation qu'ils prétendaient souhaiter. Mais, lorsqu'ils prenaient conscience du dilemme, il était déjà trop tard pour s'en sortir sans douleur ou sans sentiment d'échec. Chacun était alors trop profondément impliqué pour lâcher prise.

Certains espéraient encore retrouver les sentiments qui avaient été présents au début et qui avaient depuis disparu. D'autres se rendaient compte que leur comportement ne correspondait plus avec ce qu'ils disaient vouloir avant le mariage. D'autres encore étaient tristes et désespérés, ayant perdu leurs illusions face à de brusques changements d'attitude. « La fascination a disparu », me disaient-ils ; ou bien : « Nos différences sont trop importantes pour que l'on réussisse à les concilier. »

Le succès de certains traitements dans les années 1990 n'a pas empêché la profession de se rendre compte que les thérapies de couples traditionnelles étaient trop longues, coûtaient trop cher et ne produisaient que rarement des résultats satisfaisants et durables. Comme la plupart des thérapeutes, j'ai souvent encouragé les couples à discuter de leurs problèmes pour mettre au jour ces derniers. Je leur ai aussi donné des conseils quant à ce qu'ils devraient faire. Peine perdue : soit ils ne voulaient pas, soit ils ne pouvaient pas changer. Le métier de conseiller conjugal en était alors à ses balbutiements. Dans mon travail avec les couples, je commençais en général une thérapie individuelle avec un seul ou les deux partenaires, puis je m'efforçais de leur donner de meilleurs moyens de communication mutuelle.

Les approches thérapeutiques traditionnelles que j'utilisais exigeaient que mes patients commencent par résoudre les problèmes qu'ils avaient rencontrés dans leur relation avec leurs parents et qu'ils avaient laissés en suspens (sections 6 et 7 du tableau de l'histoire de votre enfance). Les sessions continuaient jusqu'à ce que l'enfant intérieur de chacun des patients (section 1) prenne conscience que les besoins qui n'avaient pas été satisfaits pendant l'enfance ne pouvaient être transférés sous forme d'attentes dans des relations d'adultes. Il était important que mes patients comprennent leurs parents comme les adultes qu'ils étaient *à l'époque* et acceptent que ceux-ci ne pourraient *jamais* satisfaire leurs besoins d'enfant.

Il était aussi nécessaire que l'un et l'autre des conjoints apprennent à considérer leurs parents comme les adultes qu'ils étaient à ce moment-là et non pas comme ce qu'ils auraient pu être, dû être, ou deviendraient. Nous, les thérapeutes, pensions que l'abandon du besoin que l'on pouvait avoir de voir ses parents changer, associé à l'acceptation inconditionnelle de son partenaire, déboucherait sur une relation amoureuse adulte entre les deux membres du couple. Certains étaient capables d'y parvenir, d'autres non. Parfois, cela produisait des résultats, mais le plus souvent cela ne donnait rien. En renonçant au besoin de voir son conjoint changer, le couple renonçait souvent par la même occasion à l'ensemble de la relation.

Je commençais à me rendre compte que les techniques traditionnelles de conseil auxquelles j'avais recours ne mettaient peut-être pas à nu les questions sous-jacentes qui se trouvaient à l'origine des difficultés des couples. Améliorer ses capacités à communiquer pouvait sans doute arranger un moment la situation, mais ne résolvait pas les problèmes profondément ancrés qui n'avaient sans doute jusque-là jamais été identifiés.

C'est alors que je voulus tenter de mettre au point une méthode pratique permettant d'atteindre rapidement les problèmes cachés d'un couple en crise. Je cherchais également à développer certaines lignes directrices et exercices simples qui puissent servir aux malheureux qui voulaient à tout prix sauver leur mariage.

Enfin, j'avais envie d'aider mes clients célibataires à améliorer leur mode de sélection avant qu'ils ne se fourvoient dans une relation avec quelqu'un qui ne leur aurait pas convenu. J'espérais mettre au point une méthode simple permettant aux gens de prévoir quelles étaient leurs chances de réussir à construire une relation avec tel ou tel partenaire *avant* qu'ils ne mordent la poussière. C'est ainsi que j'en suis venue à écrire ce livre...

CHAPITRE II

La recherche

Trouver le partenaire idéal

Un jour, j'ai demandé aux personnes qui assistaient à l'un de mes ateliers relationnels de se choisir un partenaire pour la journée. Une trentaine de personnes se trouvaient rassemblées depuis environ vingt minutes et elles n'avaient pu réunir qu'un minimum d'informations les unes sur les autres : nom, timbre de la voix, physique, manière de s'habiller, langage corporel, ainsi que quelques renseignements qui avaient été échangés lors des présentations. J'étais la seule à connaître les antécédents de chacun.

Le premier exercice les invitait à se mélanger sans se parler, puis à se mettre par deux et à s'asseoir l'un à côté de l'autre. Je me souviens de l'étonnement que je ressentais à observer les couples se former. Une femme se rappelle plus particulièrement à mon souvenir, car c'est alors que ce livre a pris naissance.

Elle s'appelait Élisabeth. C'était la première fois

qu'elle venait. Elle voulait explorer ses échecs relationnels répétés. Ayant toujours été une épouse maltraitée et se remettant à peine du dernier de ses trois mariages désastreux, elle n'était pas prête à s'engager de sitôt dans une nouvelle relation douloureuse. Pour essayer de se sentir mieux, Élisabeth vivait seule depuis deux ans. Néanmoins, elle suivit mes instructions et, sans un mot à qui que ce soit dans la pièce, elle choisit Édouard comme partenaire. À la voir réfléchir si longuement, je m'étais demandé si elle finirait par choisir quelqu'un. La sentant hésiter, Édouard se dirigea lui aussi vers elle. Il y eut une attraction mutuelle, le coup de foudre. Élisabeth s'assit à côté d'Édouard, l'air ravi de sa prise.

C'était un homme séduisant et énergique d'une petite quarantaine d'années, grand et bien bâti, habillé d'une façon décontractée quoique un peu compassée. J'étais la seule à savoir qu'il avait troqué l'uniforme contre une tenue civile. Je me demandais comment Élisabeth, fille d'un officier de carrière rigide qu'elle avait craint et haï, avait bien pu se débrouiller pour choisir le seul militaire de la pièce...

Elle ignorait évidemment que la femme d'Édouard l'avait quitté un an plus tôt à cause de son mauvais caractère. Il était en thérapie pour essayer de surmonter la colère qu'il ressentait à l'égard des femmes. Lui aussi avait eu à subir un parent abusif, mais il s'agissait de sa mère. Ma première intuition avait été qu'Édouard avait transféré sur ses deux précédentes femmes la relation qu'enfant il avait eue avec sa mère. Décidé à ne pas recommencer, il avait, tout comme Élisabeth, fui toute relation depuis son divorce. Vous pensez sans doute que leur association ce jour-là relevait d'une coïncidence et j'aurais pu être de cet avis à l'époque ; mais je constatai de nombreuses coïncidences en voyant les couples se former.

Analysons ce qui s'est passé à ce moment-là.

Faits l'un pour l'autre

Cet atelier réunissait des clients que je connaissais extrêmement bien, mais qui, une demi-heure auparavant, ne s'étaient jamais vus. Pourtant, sans qu'ils n'aient guère échangé d'informations sur leur passé, les participants dans leur ensemble semblaient attirés vers le type de personnalité qui leur avait posé problème dans leur précédente relation.

Ainsi, comme dans la vie, ils étaient sur le point de s'engager auprès de personnes semblables à celles dont ils avaient un jour juré ne plus jamais s'approcher. Ils l'ignoraient encore, mais ils allaient bientôt s'en apercevoir. Au milieu de la matinée, Élisabeth et Édouard étaient déjà en froid et regrettaient de s'être choisis comme compagnons pour les deux jours qu'allait durer l'atelier. Leur choix les menait droit dans le même mur.

Je me dis que cet atelier pouvait peut-être leur montrer comment agir différemment l'un envers l'autre et dépasser les zones sombres de leurs relations passées. Ils en apprendraient sans doute assez pour s'approprier certains outils qu'ils pourraient utiliser au quotidien et qui leur permettraient de modifier un schéma relationnel qui ne les satisfaisait pas.

Optimiste ? Oui. Réaliste ? Non. Certes, ils apprirent à mieux exprimer leurs sentiments à leur partenaire d'atelier et identifièrent certains des dilemmes qui les avaient tourmentés avec leurs conjoints passés. Mais je fus celle qui devait retirer le plus de cet atelier – plus que je n'aurais jamais pu imaginer.

Le plus instructif pour moi fut de réussir à identifier la répétition automatique du schéma relationnel à laquelle chaque couple succombait à mesure que l'atelier progressait. Condamnés à n'avoir recours qu'à leurs propres ressources pendant quelques heures, ils replongeaient dans les mêmes eaux troubles, dans les mêmes relations imparfaites, et ils avaient besoin de conseils pour ne pas se noyer ou être dévorés tout crus. Je ne parle pas seulement d'Élisabeth et d'Édouard, mais aussi de la plupart des autres couples.

Ils avaient recréé leur vie réelle au sein du groupe. Certains commencèrent par se lier d'amitié, heureux d'être ensemble. D'autres avaient l'air vraiment attirés et émoustillés l'un par l'autre. Quelques-uns étaient mécontents de ne pas avoir été choisis par le partenaire avec lequel ils auraient voulu être au départ.

Plus tard dans l'après-midi apparurent les premières insatisfactions liées aux choix de chacun et les participants se mirent à comparer le processus de sélection qui avait été le leur dans l'atelier à celui qui était le leur en dehors de la pièce. Certains prirent conscience des similitudes qui existaient avec leurs relations passées et furent capables pour la première fois d'exprimer des sentiments longtemps censurés. D'autres ne réussirent qu'à se plaindre.

Nous nous livrâmes à de nombreux psychodrames sur les relations parent-enfant et fîmes sortir beaucoup d'émotions refoulées. La plupart des participants déclarèrent qu'ils avaient retiré plus de cette expérience que de tous les autres ateliers sur les relations de couple auxquels ils avaient assistés.

Même Élisabeth et Édouard réussirent à travailler sur le conflit familier auquel ils avaient été confrontés pendant l'atelier et se quittèrent bons amis. Ils voyaient cela comme un petit miracle, eu égard à l'immensité de l'hostilité et de la douleur qu'ils avaient chacun transféré de la vie réelle à leur relation d'atelier.

En rentrant chez moi, je me dis que l'expérience avait été un franc succès. Mais je me demandais pourquoi aucun des participants n'avait manifesté d'intention de garder le contact avec les autres par la suite.

QUESTIONS

Êtes-vous resté(e) ami(e) ou ennemi(e) d'anciens amant(e)s ou conjoint(e)s ? Ou bien avez-vous perdu le contact ?

Êtes-vous resté(e) dans une relation malheureuse ou une relation où vous vous disputiez continuellement avec votre partenaire ?

Quand la fête est finie

À mesure que les mois passaient, je remarquais que les participants à cet atelier recommençaient à commettre les mêmes erreurs dans le choix de leurs partenaires et que leurs relations bloquaient aux mêmes endroits qu'avant, alors qu'ils auraient dû se méfier. Je me demandai pourquoi, après tout ce qu'ils avaient appris là-bas. Avaient-ils fini par oublier ? Cela marqua le début de mes recherches pour répondre à la question : comment choisissons-nous nos partenaires ?

Quelques mois plus tard, j'organisai deux autres ateliers à intervalles rapprochés avec de nouvelles personnes qui ne se connaissaient pas. J'assistai aux mêmes phénomènes de rapprochements, bien que cette fois-ci j'aie demandé aux participants du deuxième groupe de s'associer dix minutes à peine après avoir fait connaissance. Ils avaient juste eu le temps d'échanger leurs prénoms, sans aller jusqu'aux raisons pour lesquelles ils assistaient à cet atelier relationnel. J'avais pensé qu'en réduisant le laps de temps précédant l'association il y aurait de moins grandes coïncidences dans la répétition des mauvais choix relationnels. Je m'était trompée : elles étaient plus grandes.

Ce qui se passa lors du second atelier me conduisit à repenser toute mon approche du conseil matrimonial. Les couples qui se formèrent lors du troisième atelier étaient encore plus étonnants. En trois minutes, sans qu'il y ait eu le moindre échange de prénoms ou d'informations, j'assistai à une multiplication des coïncidences dans la répétition des choix qui me stupéfia. Les personnes dont on avait abusé pendant l'enfance réussirent à se trouver, et plus la journée passait, plus les individus semblaient se faire concurrence pour devenir soit victime, soit bourreau – en fonction du rôle qu'ils assumaient dans leurs précédentes relations. Ceux qui n'avaient pas ce passé mais qui avaient été abandonnés, soit physiquement, soit sur le plan émotionnel, et qui cherchaient à tout prix à être proches de leur partenaire, maintenaient une distance les uns envers les autres malgré leurs tentatives pour former des liens durables.

Quelques couples parvinrent à s'ouvrir et furent enthousiasmés par cette intimité nouvellement trouvée. À la fin de la première journée, j'offris à tous les couples malheureux le choix entre recevoir des conseils conjugaux dans le cadre de l'atelier, s'en sortir seuls, ou demander le « divorce » : la plupart des couples distants se dirent prêts à recommencer avec un nouveau partenaire, alors que les couples ayant derrière eux un historique d'abus restèrent ensemble, déterminés à trouver la solution à leurs problèmes.

Tous ces participants ne s'étaient rencontrés que la veille. Leur modèle de rapprochement m'intriguait. S'agissait-il seulement de questions demeurées en suspens dans cette relation-ci auxquelles ils souhaitaient répondre, ou bien alors d'une répétition de troubles non résolus hérités de relations passées ? Ce transfert provenait-il de leurs relations parents-enfants, comme l'affirmaient les théories du moment ? J'étais déterminée à en avoir le cœur net.

QUESTIONS

Avez-vous retrouvé le même problème ou schéma dans chacune de vos relations passées ?

Le problème a-t-il été résolu ?

Êtes-vous restés dans la relation en dépit de cela ? Combien de temps ?

Avez-vous eu le même problème avec l'un de vos parents pendant l'enfance ?

Vos parents avaient-ils ce problème l'un avec l'autre ?

La nature des liens qui nous unissent

Le transfert est un phénomène classique et les psychothérapeutes y sont confrontés tous les jours. Il signifie que chaque personne que nous rencontrons nous rappelle peu ou prou une autre personne que nous avons connue par le passé et qui, dans le cas de nos conjoints, est souvent l'un de nos parents. La théorie la plus répandue parmi les psychologues est que nos partenaires sont choisis par notre enfant intérieur, reflétant les besoins que nous n'avons pas comblés pendant notre enfance – besoins que n'ont pas satisfaits nos parents. Les psychothérapeutes pensent que le conseil matrimonial peut amener à une prise de conscience de ces sentiments, ce qui mettrait ainsi un point final à la projection des attentes infantiles du patient sur son partenaire.

La projection signifie que les sentiments et les comportements dont l'origine se situe dans une scène passée sont maintenant associés à une situation actuelle. Il en découle que l'on s'attend à ce que la nouvelle personne soit semblable à celle d'avant, et que cette nouvelle personne répondra automatiquement d'une manière identique à celle du passé.

Le transfert est un cycle classique à défaut d'être confortable. Mais, dans la mesure où la peur de l'inconnu est l'une des principales motivations de l'homme, le connu inconfortable constitue un état sécurisant comparé à son alternative : l'inconnu. Dans les relations malheureuses, la plupart des gens souhaiteront que l'autre accomplisse d'abord quelque chose de différent. La peur de l'inconnu poussera chacun des deux partenaires à refuser de changer son propre comportement et à vouloir continuer de faire ce dont il a l'habitude, que cela fonctionne au non.

À quelques exceptions près, l'ensemble connu des signaux et des réponses sur lesquels s'appuient les couples dans ces situations, ainsi que les soi-disant solutions qui les accompagnent, remontent directement à leur famille d'origine. Immanquablement, les gens s'efforcent avant tout d'amener l'autre à changer au lieu d'analyser leur propre comportement. C'est d'ailleurs en général la raison pour laquelle leur relation chancelle et c'est pour soigner leur conjoint qu'ils vont voir un thérapeute !

QUESTIONS

Que voulait changer votre mère chez votre père ?

Que voulait changer votre père chez votre mère ?

Que vouliez-vous changer chez votre mère ? L'a-t-elle fait ?

Que vouliez-vous changer chez votre père ? L'a-t-il fait ?

Le sexe change tout

« En parlant de changement, me demanda Gaëlle, votre petit test de sélection peut-il me dire pourquoi les hommes sont si différents après que vous avez couché avec eux ? Mon petit ami était quelqu'un de très attentionné jusqu'à ce que nous fassions l'amour. Je n'étais pas préparée à ce qu'il devienne ce qu'il est maintenant. C'est comme si je me trouvais en présence d'un parfait inconnu. Quelque chose s'est perdu dans notre relation et je suis incapable de dire quoi. Ce n'est d'ailleurs pas la première fois que cela m'arrive. Le sexe a déjà fichu en l'air mes relations par le passé. »

« Les mecs changent après que vous avez couché avec eux », confirme Lise, exprimant ainsi l'une des plaintes les plus répandues chez les femmes qui ont des relations amoureuses. Et Leila d'ajouter : « C'est comme si le mec gentil que vous fréquentiez jusqu'alors se volatilisait. »

« Mais je suis un mec gentil, affirma Éric, prenant la parole au cours d'une séance hebdomadaire de thérapie de groupe. Seulement dites-moi pourquoi les gentils se font marcher dessus ! » Il venait d'apprendre que son histoire récente avec Carole avait vécu. Cela faisait la deuxième fois qu'il se faisait jeter au profit d'un ancien petit ami. « Ces deux types sont vraiment des nazes. Pourquoi donc les femmes courent-elles toujours après des hommes qui les aiment et qui les quittent ? »

C'est une bonne question. On a même écrit des livres sur les hommes qui haïssent les femmes et les femmes soi-disant intelligentes qui les choisissent.

« Dois-je maltraiter les femmes pour attirer leur attention ? » continua Éric.

Le fait est qu'année après année un nombre conséquent de femmes est maltraité. La plupart ont été abusées pendant l'enfance, mais pour une raison ou pour une autre elles choisissent des hommes méchants. De la même manière, il est aussi édifiant de constater le nombre de personnes – hommes et femmes – dont les parents étaient alcooliques et qui, soit épousent un alcoolique, soit deviennent eux-mêmes alcooliques après leur mariage. Sans parler de ceux qui se mettent à abuser de leur entourage ou à boire alors même qu'ils sont partis de chez eux pour échapper à un parent abusif ou alcoolique. En dépit des soins et conseils que l'on peut prodiguer, les cycles de l'abus et de l'alcoolisme continuent de réapparaître et de se répéter dans les familles, sans changement et de manière inexplicable.

« Pourquoi Louis est-il tombé amoureux d'une

femme qui le traitait mal depuis le début ? » s'interrogeait Margaret, une jolie rousse issue d'une famille de huit enfants. Un mois plus tôt, elle avait découvert avec stupeur que le gentil jeune homme qu'elle connaissait depuis cinq ans s'était enfui avec Irma, qu'il avait rencontrée à l'université. « Louis la connaissait à peine. Ils n'ont rien en commun. Il me dit même qu'il ne comprend pas pourquoi il l'a épousée », ajouta Margaret, mettant le doigt sur un autre point intéressant.

Comment son petit ami, soi-disant si plein de bon sens, avait-il pu ignorer les signes avant-coureurs de ses futurs problèmes matrimoniaux, alors que depuis le début de sa relation tumultueuse avec cette fille tout le monde les avait vus venir. Était-ce la passion qui avait obscurci le jugement habituellement si sûr de Louis ? Ou alors un besoin de révolte ?

« De plus, cette histoire a brisé le cœur de nos deux mères. La sienne voulait que je devienne sa belle-fille : nous nous entendons mieux qu'elle ne s'entend avec sa propre fille », dit encore Margaret en pleurant.

« Je suis sûr qu'Irma se calmera d'ici quelque temps », avait déclaré Louis à Margaret qui ne l'avait pas cru.

« Irma ne lui a causé que des ennuis depuis qu'ils se connaissent. Alors que moi, j'aurais pu le rendre heureux pour toujours. Et maintenant, il voudrait que nous restions amis. Pourquoi m'a-t-il quittée pour elle ? Ne voyait-il pas combien je l'aimais ? Comment peut-il penser qu'elle changera ? »

Tout en l'écoutant, je me demandais si l'amour

était vraiment aveugle à ce point. À moins qu'il ne soit tout simplement naïf ?

« Eh bien, l'amour était sans aucun doute aveugle et sourd dans mon cas, ajouta Patrick. Si j'avais eu la moindre idée de ce qui m'attendait lorsque j'ai épousé Christine, je me serais certainement abstenu. »

Il apparaît que, sans être forcément aveugle ni naïf, l'amour est très myope ou très hypermétrope, ignorant souvent ce qui se passe aujourd'hui pour se focaliser sur les fantasmes du futur. Quand on est amoureux, on ne voit pas les défauts de la personne que l'on aime et que l'on a sous les yeux. On préfère penser que les différences s'estomperont ou se résoudront après le mariage. *Il semblerait que celui qui est amoureux soit en général aveugle aux faiblesses de la personne qu'il aime avant le mariage, et aveugle à ses propres faiblesses par la suite.*

C'est paradoxal : comment peut-on prétendre que l'amour est aveugle et continuer de croire à l'amour au premier regard ? Que recherche-t-on vraiment chez son conjoint ?

EXERCICE

Faites la liste des dix principaux traits de caractère que vous recherchez chez un partenaire.

Faites la liste des traits de caractère que vous constatez en général chez vos partenaires.

L'amour au premier regard

Caroline de Monaco raconte que ses parents, la princesse Grace et le prince Rainier, tombèrent amoureux au premier regard. Au bout de trois jours, ils décidèrent de se marier et leur union prit des allures de conte de fées. Quant à la princesse Caroline, elle décida de se marier dix jours après avoir rencontré son futur mari et déclara qu'il s'agissait aussi d'un coup de foudre. L'amour ne fut pas aveugle. Les deux mariages furent heureux jusqu'à ce que la mort y mette fin.

Je décidai de me pencher sur le coup de foudre pour comprendre ce que signifiait ce phénomène.

Deux présentateurs de télévision, George Hamilton et Alana Stewart, affirmèrent un jour vivre un divorce heureux après avoir vécu un mariage malheureux. George déclara qu'ils s'entendaient bien avant de se marier et encore mieux depuis qu'ils avaient divorcé : « Avant notre mariage, Alana était très indépendante et ça me plaisait. Elle avait toujours envie d'aller dans des endroits fascinants. Mais, une fois mariée, elle s'est transformée en bobonne et voulait rester à la maison. Pas moi. Avant, elle avait tout un tas d'activités intéressantes et elle les a reprises depuis notre divorce. Nous avons sauvé notre relation en divorçant et nous sommes de grands amis maintenant. Nous nous sommes comportés en adultes. »

Cette déclaration soulève quelques points intéressants.

L'un de leurs talk-shows montra un jour un détective privé spécialisé dans la recherche de personnes disparues. Il avait été chargé de retrouver la trace du père d'Alana pour l'émission. Enfant, Alana avait écrit des lettres à son père dont elle était séparée depuis l'âge de quatorze mois. Il est important de préciser qu'Alana n'avait jamais vu son père depuis que sa mère avait quitté la ville avec elle. Le détective lui fournit, pour la première fois depuis longtemps, des informations sur son père et convainquit son demi-frère de la rencontrer.

Pendant l'émission, cet homme apprit à Alana que leur père était mort, mais il lui donna aussi des détails sur sa vie après le départ de sa mère. Il avait apporté avec lui l'une des lettres que la fillette avait écrite à son père lorsqu'elle avait huit ans et lui montra une photo que ce dernier avait gardé dans son portefeuille jusqu'à sa mort. Elle le montrait tenant dans ses bras sa fille nourrisson.

La ressemblance entre le père d'Alana et George Hamilton me frappa. Je me demandai si Alana l'avait remarquée. George lui rappelait-il le père qu'elle avait aimé et perdu il y a si longtemps ? Leur ressemblance n'était-elle due qu'à une coïncidence ? Ou bien le souvenir du visage de son père était-il resté gravé dans son esprit depuis l'enfance ? Ne se serait-il pas plutôt agi d'un amour au *deuxième* regard ? Alana serait-elle (re)tombée amoureuse d'un homme qui lui rappelait son premier amour ? Était-ce dû à quelque chose de familier dans le physique de George, ou cela allait-il au-delà ?

Je commençais à échafauder le début d'une nouvelle théorie.

QUESTIONS

Votre conjoint ressemble-t-il à l'un ou l'autre de vos parents ?

Ou à ce à quoi ressemblaient vos parents quand vous étiez enfant ?

Votre conjoint ressemble-t-il à l'un ou l'autre de vos frères et sœurs adultes ?

Ressemblez-vous à l'un ou l'autre des parents de votre conjoint lorsqu'il (ou elle) était enfant ?

Votre conjoint vous fait-il penser d'une manière ou d'une autre à l'un ou l'autre de vos parents ?

La voix ou l'accent de votre conjoint vous font-ils penser à l'un ou l'autre de vos parents ?

Les lapsus freudiens

Quand j'étais adolescente, ma mère me dit que pour savoir à quoi ressemblerait mon petit ami lorsqu'il serait plus âgé, il me suffisait de regarder son père. Sans le savoir elle était, comme la plupart des gens, d'accord avec la théorie de Freud qui veut qu'un garçon ressemble à son père en grandissant et une fille à sa mère. Nous avons pris Freud au pied de la lettre, mais en transposant ressemblance *morale* en ressemblance *physique*.

Alana s'était-elle choisi un mari qui ressemblait à son père uniquement sur le plan physique, ou y avait-il aussi d'autres points communs ? Très souvent, le partenaire évoque l'un des parents, mais cela ne constitue pas le facteur le plus déterminant de l'attirance. La chimie va au-delà de la bonne mine ou d'une ressemblance physique à l'un des parents. Les similitudes de personnalité me semblaient jouer un rôle non négligeable. J'entrepris d'étudier les modèles de sélection en interrogeant mes clients sur le choix de leur partenaire idéal et en leur demandant leurs résultats.

Âgée de vingt-six ans, Lise venait de divorcer. Elle était contente d'expliquer quel était son processus de sélection. « Quand j'étais petite, ma mère était de loin le parent que je préférais. Je détestais mon père. Il était hors de question que j'épouse quelqu'un qui lui ressemble. Le père de mon petit ami m'a plu tout de suite et ce fut réciproque », me dit-elle. Elle me décrivit son beau-père comme quelqu'un d'intelligent, d'éduqué et de très affectueux.

Elle continua : « J'épousai Pierre parce que je voulais finir mes jours auprès d'un homme qui ressemblerait à son père, mais ça ne s'est pas passé comme cela. Quelle déception ! Mon ami ressemblait physiquement à son père, mais ne s'est pas comporté du tout comme lui après notre mariage. En tant que mari, il ressemblait plus à *mon* père qu'au sien. Comme mon père, il trouvait toujours moyen de critiquer tout le monde. Je l'avais surnommé Henri Junior, comme mon père, tellement il me faisait penser à lui. »

Je me dis que Lisa aurait été plus avisée de regarder d'abord son propre père, afin de voir ce que deviendrait son ami après le mariage. Après tout, le père de Lisa n'était-il pas le premier homme dans la vie de la jeune femme ? Enfant, n'avait-elle pas aimé son père au premier regard ? Même si elle n'avait pas aimé la personnalité de son père par la suite, ne pouvait-on imaginer que le fait d'avoir été avec lui quand elle était toute petite se serait gravé dans la mémoire de ses sentiments, et non pas seulement dans sa mémoire visuelle ? À moins qu'il n'existe qu'une seule mémoire... Je m'étais déjà posé cette question à maintes reprises. Mais voici qu'une nouvelle question surgissait. Pourquoi Lise, adulte, n'avait-elle pas choisi un homme qui aurait pu lui donner ce qu'elle avait attendu de son père, au lieu de prendre un homme qui en était incapable ?

Je commençais à m'intéresser au personnes qui, à l'image de Lise, s'emballaient pour leur partenaire au début de leur relation, puis changeaient d'avis. Certains mettaient immédiatement fin à leur relation, d'autres plus tard. Que s'était-il passé ? S'étaient-ils laissé influencer par une ressemblance venue du passé ou même du présent ? Il leur était le plus souvent impossible d'en parler. Après la rupture, ils semblaient oublier la participation qu'ils avaient pu avoir au résultat, et se faisaient des reproches mutuels.

Nombre de problèmes relationnels commencent quand l'un des partenaires s'efforce de changer l'autre pour qu'il corresponde à l'idée qu'il se fait de ce que son partenaire aurait dû être. Quelle est l'origine de cette idée ? L'amour qui, au premier regard, était aveugle aux défauts de l'autre, les voit rétrospectivement en pleine lumière. Ces traits de caractère n'étaient-ils cependant pas visibles dès le premier stade de la relation ? Était-il impossible de voir dès le début quelles qualités manquaient ?

Sachant que l'amour est aveugle, comment pouvons-nous croire à l'amour au premier regard ? N'y a-t-il pas là une contradiction ? Le cœur ou la passion prennent-ils le pas sur la capacité de jugement ? Ne s'agit-il que de souvenirs d'enfance ? Serait-ce uniquement la partie de la personnalité correspondant à l'enfant intérieur qui choisit les partenaires à l'âge adulte ?

EXERCICE

Reprenez les sections 2 et 3 du test de sélection. Lequel de vos parents était votre adulte préféré lorsque vous étiez enfant ?

Qu'aimiez-vous particulièrement chez lui (ou elle) ?

Retrouvez-vous certaines de ces qualités chez vous aujourd'hui, ou les voyez-vous davantage chez votre conjoint ?

Lequel des parents de votre conjoint préférez-vous ?

Cette personne a-t-elle certaines de ces qualités ?

L'enfant intérieur

Tout le monde, ou presque, a entendu parler de l'enfant intérieur, cette partie de la personnalité qui représente tous les sentiments et toutes les expériences de l'enfance. La plupart des thérapies de couple et des théories qui portent sur le choix des partenaires affirment que les difficultés rencontrées avec un partenaire adulte sont un résultat direct des besoins que l'enfant intérieur n'aurait pas satisfaits avec l'un de ses parents. *« Besoins non satisfaits » fait référence aux besoins de dépendance émotionnelle ou physique légitimes qui n'ont jamais été comblés pendant l'enfance par l'un des parents dont c'était le rôle.*

Le travail sur l'enfant intérieur permet d'aider avec efficacité un adulte à résoudre certains de ces besoins non satisfaits. Il apparaît de plus en plus clairement que les besoins en suspens sont ceux auxquels notre conscience ne voulait ou ne pouvait faire face lorsque nous étions enfants. Nous n'étions pas capables d'y répondre à l'époque et les adultes qui nous entouraient alors ne l'étaient pas non plus. Souvent, ces expériences traumatisantes de l'enfance devaient, pour une raison ou pour une autre, être tenues secrètes. Dans les faits, le secret est si bien enfoui que l'enfant en vient à oublier ces expériences en grandissant. Elles forment des sentiments refoulés, cachés au plus profond de la mémoire inconsciente. Ce n'est que lorsque l'enfant intérieur grandit que ces sentiments sont, soit automatiquement répétés dans les relations adultes, soit fuis comme la peste.

Les thérapies de couple s'appuient à l'origine sur l'idée que les besoins qui n'ont pas été satisfaits pendant l'enfance sont projetés dans les relations du présent et provoquent des attentes irréalistes auxquelles le partenaire n'est pas en mesure de répondre. Les thérapeutes travaillent en général avec leurs patients pour les amener à prendre conscience qu'il aurait dû incomber à leurs parents, et non à leur conjoint, de satisfaire ces besoins. Ceux qui croient qu'il existe des besoins parent-enfant non satisfaits affirment que l'enfant intérieur choisit son partenaire pour qu'il réponde aux besoins qui n'ont pas été comblés par l'un des parents pendant l'enfance.

Notre mémoire primaire a enregistré les bons, les mauvais et les vilains sentiments. Ce qui nous arrivait comme ce qui se déroulait autour de nous s'est imprimé dans notre inconscient. Plus le souvenir est désagréable et plus notre conscient a cherché à oublier les faits. Oublier signifie alors simplement une incapacité à se souvenir de ce qui s'est passé. Les sentiments associés à l'événement ont été enterrés tels quels à l'intérieur de nous et contrôlent notre comportement sans que notre conscience sache pour quelles raisons nous nous conduisons de telle manière. Nous n'avons pas le choix, nous nous contentons de réagir. *Ces sentiments dictent notre comportement d'adulte à notre insu. Il est donc essentiel de retrouver ces programmes refoulés pour les désactiver.*

QUESTIONS

Avez-vous vécu des traumatismes, phénomènes d'abus, morts, accidents, divorces ou abandons pendant votre prime enfance ? À quel âge ?

Qu'en est-il de vos parents ? Cela s'est-il passé pendant leur enfance ou pendant la vôtre ?

Vous souvenez-vous de ces événements, ou vous les a-t-on racontés ?

Votre partenaire actuel a-t-il (ou a-t-elle) vécu des événements semblables dans sa famille ? Qu'en est-il de vos partenaires précédents ?

Les choix conscients

On a trop longtemps affirmé qu'une personne seule peut consciemment partir en quête du partenaire idéal. Certains livres encouragent ainsi leurs lecteurs à dresser la liste des qualités recherchées chez leur futur partenaire et à la ressortir à la moindre occasion. Et pourtant, face à quelqu'un qui nous plaît, nous oublions en général cette liste, tombons follement amoureux et recommençons les mêmes erreurs dans nos choix.

Pourquoi sommes nous incapables de choisir ou de changer ?

Les diseurs de bonne aventure affirment que c'est le destin qui rassemble un couple. Les métaphysiciens parlent d'un choix de l'âme survenu avant la naissance. Les poètes disent que c'est la lune et les étoiles qui font se rapprocher les amants. Les astrologues y voient l'action du Soleil et de la Lune, ou de Vénus et de Mars. John Gray, dans *Les hommes viennent de Mars, les femmes de Vénus*, déclare que ce sont de profonds dons de communication qui unissent les hommes et les femmes. Les fabriquants de parfums croient aux phéromones et les chercheurs aux hormones.

L'une de mes amies me confia que personne ne l'avait attirée depuis quelque temps. « J'ai sans doute besoin d'une injection d'hormones », me dit-elle. Hormones ou phéromones ? Je m'interrogeai sur les phénomènes chimiques qui font que nous choisissons ou rejetons un amant. Desmond Morris dit que ce sont les sourires, les couleurs vives et l'apparence. Les fabricants de dentifrice assurent qu'il suffit d'avoir des dents d'une blancheur éclatante. Les grands-mères répètent que « c'est par l'estomac que l'on tient son mari » et les jeunes femmes proclament que « c'est par son pénis ».

L'un de mes clients me dit un jour qu'il était toujours attiré par les bonnes cuisinières, mais qu'il ne les désirait plus au bout de quelques semaines : il avait à la place l'impression d'être revenu chez sa mère. Nous disions autrefois que ce type d'homme souffrait du complexe de la madone. « Mais depuis Madonna je ne sais plus très bien où j'en suis », ajouta ce client, se moquant d'un ton railleur de toutes les relations qu'il avait eues et qui avaient tourné court. « De toute façon, plus rien ne m'excite. »

Quels sont donc ces liens mystérieux qui parfois nous unissent et parfois nous emprisonnent ? Quelle est cette chimie qui attire deux personnes l'une vers l'autre ? Quelle est la magie qui fait que deux êtres ont envie de passer le reste de leur vie ensemble ? Et pour quelle raison certains couples résistent, tandis que d'autres se défont ? Pourquoi change-t-on tant à partir du moment où l'on vit ensemble et se marie ?

Freud affirmait que nous épousons une personne qui ressemble à notre parent du sexe opposé et que nous endossons le rôle que tenait notre parent du même sexe. Mais j'avais quant à moi quelques doutes sur la question. Cette théorie était liée au rôle et au sexe : pour schématiser, les filles désireraient épouser leur père et les garçons leur mère.

« C'était peut-être vrai lorsque j'étais petite. Mais plus aujourd'hui en tout cas, soupira Ambre. Je sais que j'attends toujours le Prince Charmant, mais je peux vous garantir qu'il ne ressemblera ni à mon père ni à mon beau-père. À chaque fois que je fais une nouvelle rencontre, je suis persuadée qu'il s'agit du partenaire idéal. Évidemment, cela ne se passe jamais comme ça. Mes petits amis ne se conduisent pas comme ils devraient ou ne font pas ce qu'ils devraient faire. Et quand ils commencent à me rappeler mon bon à rien de père, je m'en vais. Parfois cela dure quelques jours ou quelques semaines, mais récemment cela ressemble plus à « jusqu'à ce que l'aurore nous sépare » qu'à autre chose. Ma mère me dit que je suis trop difficile. Elle n'a sans doute pas tort, mais regardez où l'a conduit le fait de ne pas l'être. Elle me dit de ne pas commettre les mêmes erreurs qu'elle. Mais je n'ai pas la moindre envie d'épouser un homme qui ressemble à mon père. En réalité, je cherche à y échapper et je voudrais trouver quelqu'un qui soit tout son contraire. »

Les choix inconscients

Après Freud vint Carl Jung. La théorie jungienne dit que l'*anima* (traits de caractère féminins) de la femme est plus affirmée dans sa personnalité et l'*animus* (traits de caractère masculins) dans son inconscient. Pour l'homme, c'est le contraire. Jung affirme que l'inconscient de chacun abrite en lui le sexe opposé et choisit donc un partenaire qui possède l'autre versant de ses traits de caractère.

Carl Jung pensait que l'homme cherche à épouser la femme qui correspond à son côté féminin (*anima*) et que la femme prend pour mari l'homme correspondant à son côté masculin (*animus*). Il disait que nous recherchions notre opposé, ou notre ombre, pour nous sentir entier. L'*anima* et l'*animus* ne sont pas liés au genre. Jung affirmait faire référence aux traits de personnalité féminins et masculins et non pas au sexe. Ses théories ne relevaient pas du domaine physique, mais spirituel. Il ouvrait ainsi de nouvelles perspectives sur la personnalité.

Écoutez l'histoire de Peggy : « J'aime Laurent, mais je ne supporte plus de vivre avec lui. » Cela faisait trois mois qu'ils s'étaient mis en ménage et Peggy était partie. Elle était venue me voir, car elle avait besoin de conseils. « Je suis tombée amoureuse de Laurent sur-le-champ. Il était tellement charmant lorsque nous nous sommes rencontrés... Mais c'est une autre facette de sa personnalité. Aujourd'hui, il critique tout ce que je fais. Il a toujours quelque chose à dire pour m'enfoncer et il passe son temps à se plaindre. Il me fait penser à ma mère. Elle ne cesse de s'en prendre à tout le monde et elle est malheureuse. Personne ne trouve grâce à ses yeux. Je l'aime, mais je ne peux pas supporter de rester avec elle.

» Quand j'ai rencontré Laurent, je voulais échapper à ma mère. Il ressemble beaucoup physiquement à mon père, mais ils n'ont pas du tout le même caractère. Mon père est d'un naturel heureux. Il est mon parent préféré. Il quitte la pièce dès que ma mère commence à geindre et à râler parce qu'il ne la supporte pas. Je ne veux pas d'une relation qui ressemble à celle de mes parents. J'ai eu mon compte depuis longtemps. Comment ai-je fait pour foncer dedans tête baissée ? Je n'aurais jamais cru que Laurent serait comme ma mère. Pas étonnant que je le déteste maintenant. »

EXERCICE

En fonction de la description que vous avez donnée de chacun de vos parents dans leur rôle d'adultes dans les deux premières sections du tableau de l'histoire de votre enfance, dites auquel de vos parents votre partenaire actuel (ou le dernier que vous ayez eu) ressemble le plus.

Inscrivez le nom de votre partenaire en haut de la section « adulte » de ce parent dans le tableau. Ce dernier a formé votre modèle de partenaire. Votre partenaire actuel (ou le dernier en date) qui ressemble le plus à ce parent constitue votre partenaire intérieur.

Écrivez maintenant votre nom en haut de la section « adulte » de l'autre de vos parents dans le tableau. Nous appellerons ce parent-là votre modèle d'adulte et vous-même, le partenaire de l'adulte intérieur.

CHAPITRE III

La réponse

Pourquoi parlez-vous français[1] ?

Je pose cette question après que le test de sélection sur l'enfance a été rempli. Elle vise à vous faire prendre un moment pour réfléchir à l'influence qu'ont pu avoir sur l'enfant que vous étiez l'environnement et le milieu culturel dans lequel vous baigniez. La réponse est évidemment que vous parliez français parce que vos parents le parlaient et que vous l'avez appris en écoutant ce qui se disait autour de vous. Vous pourriez dire en somme que vous avez été conditionné à parler français. C'est votre langue maternelle, car c'est la première que vous ayez entendue autour de vous. Les gens vous parlaient à l'oreille en français ; ils se chuchotaient des secrets en français et avaient, sous votre nez, les conversations les plus intimes en français. Vous n'étiez qu'un bébé incapable de comprendre ce qui

1. Dans le texte original, la question est bien entendu : « Pourquoi parlez-vous anglais ? » *(N.d.T.)*

se disait – du moins, c'est ce que pensaient les adultes, simplement parce que vous ne pouviez pas encore parler.

Pendant votre enfance, vos parents parlaient et agissaient devant vous tous les jours sans se rendre compte que chacun de leurs mots, chacun de leurs gestes et chacune de leurs attitudes s'enregistraient dans votre inconscient et ce, depuis votre naissance. Ils ne vous ont jamais enseigné la grammaire, l'accent, le ton ou la construction des phrases. Vous les avez absorbés en écoutant parler votre famille d'origine. On ne vous a pas appris le français ; vous l'avez attrapé ou, plus exactement, vous l'avez saisi. Au point qu'à deux ans environ vous vous êtes mis à le parler.

À cet âge-là, vous aviez déjà assimilé l'une des langues les plus difficiles du monde. Comment cela a-t-il pu se faire ? Grâce au conditionnement, ou, disons, à l'hypnose. La plupart des gens parlent exactement comme on le fait dans leur famille et, qu'ils le veuillent ou non, leur voix sonne comme celle de leur modèle. Même s'ils n'entendent pas les similitudes, tout le monde autour d'eux en a conscience. Il est arrivé à chacun d'être pris pour un autre membre de sa famille au téléphone. Nous n'avions pas deux ans que nous avions déjà absorbé les tonalités et les inflexions de voix des adultes qui nous entouraient, sans parler des signaux qu'ils lançaient et des réponses qu'ils faisaient. Nous avons été programmés pour parler comme notre famille.

« Oh, ce n'est qu'un bébé. Il ne comprend pas ce qu'on raconte », disent les adultes devant les tout-petits. Et pourtant, à peine âgé de quelques mois, l'enfant réagit déjà au son de voix connues et même à des mots et à des phrases bien précis. Son cerveau a commencé à emmagasiner des expériences et les a reliées à certains bruits et modèles de mots qui font partie de l'environnement constitué par sa famille d'origine. Ces sons familiers vont former sa langue maternelle.

Pendant les deux premières années de sa vie, chacun apprend à parler la langue de ses parents. L'enfant commence par mémoriser quelques mots comme « maman », « papa », « nana », ou encore « bébé », « ballon », « biberon », qu'il prononce plus ou moins bien. Tout le monde, y compris celui qui jouit d'une excellente mémoire, a oublié comment il a appris à parler français. Cela s'est fait grâce à une interaction répétée avec l'entourage. *La répétition produit le conditionnement et le conditionnement, c'est la programmation.*

Presque par osmose, l'enfant commence à comprendre comment interagir avec l'environnement qui lui est familier en faisant appel aux mêmes tons, volumes et sons que ceux que celui-ci utilise dans les relations qu'il entretient avec lui. Il apprend non seulement des mots, mais aussi quand, de quelle manière et à qui les dire. L'impact du premier environnement sur le petit enfant est permanent et durable, que l'on s'en souvienne consciemment ou non par la suite.

EXERCICE

Citez cinq systèmes de croyances et de valeurs que vous partagez avec votre mère.

Citez cinq systèmes de croyances et de valeurs que vous partagez avec votre père.

Sur combien de systèmes sont-ils tous les deux d'accord ?

Quels étaient leurs sujets de conflit ?

Chassez le naturel...

Lorsque l'enfant atteint cinq ans, certains ensembles de signaux et réponses verbaux se sont déjà mis en place entre ses parents et lui, ainsi qu'entre les autres membres de la famille. Les schémas relationnels des premières années de votre vie sont imprimés en vous de la même manière que votre langue naturelle. Ce livre traite des schémas relationnels adulte-adulte et parent-parent qui étaient ceux de votre mère et de votre père lorsque vous étiez petit. Ils ont été, tout comme votre langue maternelle, profondément gravés dans votre programmation primitive, bien avant les souvenirs ou la capacité de choix.

Toutes les formes d'expression ou de communication des émotions apprises pendant l'enfance continueront de former, comme le langage, un mode relationnel naturel. C'est un réflexe conditionné. Dans les moments de stress ou d'intensité émotionnelle, l'adulte tendra à régresser non seulement jusqu'au premier langage employé dans sa famille d'origine, mais aussi jusqu'aux schémas de stress familiaux. La manière dont nous faisons face au stress constitue aussi un réflexe acquis. Autrement dit, parvenu à l'âge adulte, vous crierez et pleurerez en français comme le faisait l'un de vos parents, et sans doute pour les mêmes raisons.

Nous régressons tous lorsque nous sommes exposés au stress. Il s'agit juste de savoir vers quoi, vers où et vers qui nous retournons. Lorsque l'enfant intérieur surgit sous le stress, c'est souvent le premier langage de la famille d'origine qui réapparaît, accompagné, sur le plan des émotions, de ses schémas relationnels programmés et de ses modèles d'attentes envers soi-même et les autres. L'enfant intérieur aura des réactions au stress qui seront toutes fondées sur une perception de la réalité acquise pendant la petite enfance auprès de sa famille d'origine. Ce qui s'est fixé d'abord formera la première réponse pour la simple raison qu'il s'agit d'un réflexe automatique.

Nous appelons « seconde nature » ce qui était familier pendant l'enfance alors qu'il s'agit en fait de notre nature première. C'est ce qui vient naturellement et automatiquement, sans avoir à y réfléchir ni à décider de ce qu'on doit dire ou faire : c'est connu. Tout comme le sont les schémas de l'adulte intérieur et du partenaire intérieur. N'oublions pas que l'adulte se méfie avant tout de ce qu'il ne connaît pas et que ce qu'il connaît représente ce qui le rassure le mieux. Sous le stress, chacun fait comme son modèle d'adulte.

On préférera toujours répéter des comportements connus plutôt que d'agir d'une manière qui n'est pas familière, quand bien même cela se trouverait être plus confortable. Souvent, les sentiments ou les comportements de nos parents sont extrêmement inconfortables, douloureux, insatisfaisants ou problématiques. Pourquoi, alors, continuons-nous à agir comme eux ? Robert Anton Wilson dit que « le papillon se trouve déjà imprimé et programmé dans la chenille ».

Ainsi le comportement de l'un de nos parents est-il déjà programmé en chacun de nous : il est prêt et attend que nous soyons devenu adulte. Imaginez des données stockées à l'intérieur de votre ordinateur personnel sur un disque nommé « adulte intérieur ». Le stress de la puberté active les fichiers inconscients de l'adulte intérieur.

La puberté représente l'adulte intérieur émergeant du cocon de l'enfant intérieur. La progression du stade familier de l'enfance vers l'âge adulte est stressante parce qu'il s'agit d'un immense changement. Or, le changement est angoissant parce qu'il fait surgir l'inconnu.

L'adulte intérieur peut-il avoir la gentillesse de se manifester ?

Je suis convaincue, et je m'appuie pour cela sur plus d'un millier d'études de cas, que la relation qu'avaient nos parents détermine notre adulte intérieur, à savoir ce que celui-ci recherche quand, des années plus tard, nous nous efforçons de construire une relation adulte. « Fais ce que je dis, pas ce que je fais », nous disaient nos parents, et de toute évidence nous avons fait ce qu'ils faisaient et pas ce qu'ils nous disaient de faire. C'est bien le problème ! Envisagez la relation de vos parents comme une graine plantée en vous pendant l'enfance et qui ne germerait pas avant l'âge adulte.

Nous avons longtemps cru que c'était la part enfant intérieur de la personnalité qui choisissait un partenaire pour combler les besoins que l'un des parents n'avait pas satisfaits pendant l'enfance. En réalité, je pense que c'est l'adulte intérieur qui décide du partenaire. Les thérapeutes ont négligé le fait que l'adulte intérieur a une expérience de la personnalité et du comportement de l'autre parent souvent identique à celle qu'en a l'enfant intérieur. À de multiples reprises, j'ai eu l'occasion de constater que ceux qui ont épousé quelqu'un qui évoque l'un de leurs parents ressemblent quant à eux beaucoup au second de leurs parents dans leur relation. C'est pourquoi, lorsqu'il s'agit du choix du conjoint, la théorie des besoins non satisfaits parent-enfant est en effet parfois juste.

Cependant, *le parent qui était votre modèle d'adulte intérieur a sans doute éprouvé, dans sa relation avec le parent qui représentait votre modèle de partenaire intérieur, la même insatisfaction de ses besoins que vous-même lorsque vous étiez enfant.* Mais celle-ci était ressentie dans le cadre d'une relation d'adulte à adulte ou de parent à parent, et non de parent à enfant. Ces besoins-là sont dans l'ensemble différents des besoins inassouvis que votre enfant intérieur éprouve à l'égard de son parent modèle d'adulte intérieur, car il s'agit de besoins que n'ont pas satisfaits vos parents entre eux. Ce qui a été implanté par l'exemple dans votre adulte intérieur, ce sont les schémas relationnels de votre modèle. Ainsi, ce qui s'est imprimé en vous, ce ne sont pas seulement les conflits non résolus de ce parent modèle, mais les mêmes cicatrices émotionnelles, blocages de communication et schémas relationnels défectueux qui l'ont empêché de résoudre les problèmes qu'il avait dans sa relation.

Les méthodes qui promettent de vous aider à choisir le bon partenaire échouent tout simplement parce qu'il est impossible de faire un choix conscient tant que l'on ne comprend pas que c'est la part programmée de l'adulte intérieur que l'on a en soi qui, en réalité, fait le choix. Si les théories affirmant que nous épousons la personne qui représente le parent qui a le moins comblé nos attentes sont proches de la vérité, elles passent cependant à côté de son aspect le plus subtil : *ce n'est pas la manière dont se comportait notre père ou notre mère envers nous qui détermine le choix du conjoint, mais la manière dont nos parents se comportaient l'un envers l'autre pendant notre enfance.*

C'est la raison pour laquelle les couples qui sont très heureux avant le mariage se voient parfois confrontés à des difficultés dès lors qu'ils sont mariés ou plus tard, lorsqu'ils deviennent parents. Les obstacles viennent peut-être tout bonnement de ce que, pendant leur enfance, leurs parents ont modelé en eux des capacités de communication conjugale inopérantes. Il est fort probable que chacun des deux conjoints a enregistré dans son inconscient des modèles relationnels différents et que ces schémas programmés contradictoires font surface de manière automatique maintenant qu'ils sont mariés. Les schémas relationnels négatifs ou opposés ne fonctionneront pas mieux à ce stade de leur relation qu'ils ne fonctionnaient chez leurs parents. La plupart des couples ont besoin de précédents positifs de la part de leurs parents avant de pouvoir envisager de nouvelles solutions pour eux-mêmes. Le problème est bien sûr de trouver le moyen de modifier à l'âge adulte la programmation héritée des parents.

Presque toutes les relations offrent le même dilemme, à savoir que l'adulte intérieur qui se trouve en chacun des partenaires possède un souvenir inconscient de ce que devrait être une relation adulte. La plupart des couples réagissent comme poussés par un réflexe automatique. Cette donnée a été entrée il y a si longtemps en eux qu'il leur est même parfois impossible de s'en souvenir, jusqu'au moment où l'un des partenaires s'entend prononcer les mêmes mots que ceux que l'un de ses propres parents a un jour dit à l'autre.

Lorsque l'on grandit et que l'on vit une relation amoureuse, l'adulte intérieur n'a qu'une seule solution : se comporter comme papa ou maman. Trouver quelqu'un pour jouer l'autre rôle. Ressembler au couple intérieur (section 8 dans le tableau de l'histoire de votre enfance).

En thérapie, les couples travailleront sur l'exemple relationnel donné par papa et maman. Cette relation a été insuffisamment observée en thérapie de couple jusqu'ici. Le couple intérieur a déroulé son petit film sous vos yeux tous les jours de votre enfance. Vos parents y tenaient les deux rôles principaux, c'est un premier et unique modèle de couple qui s'est imprimé en vous lorsque vous étiez jeune. De sorte que vous n'avez eu devant vous que deux modèles de comportement dans une relation adulte : celui de papa ou celui de maman. C'est votre vidéo personnelle d'un couple en action. En grandissant, vous endosserez le rôle de l'adulte intérieur. Il n'y a que deux personnages principaux dans ce film et pour pouvoir le jouer à nouveau à l'âge adulte, il vous faudra trouver quelqu'un pour interpréter le deuxième rôle, celui du partenaire intérieur.

Chacun choisira invariablement le même type de partenaire que l'avait fait le parent qui représente son modèle d'adulte intérieur, même sans savoir pourquoi celui-ci avait fait ce choix. Nous obéissons en général aux mêmes raisons, besoins, passions et sentiments que le parent qui est notre adulte intérieur.

N'oubliez pas que votre modèle d'adulte intérieur peut être d'un autre sexe que le vôtre. Il est important de comprendre que nous ne parlons pas en termes de genre, mais en termes de personnalité et de traits comportementaux adultes qui, comme la taille, ne sont fixés que tard. Dans une relation de couple adulte, chacun se comportera inconsciemment avec son partenaire comme l'adulte intérieur de son parent modèle l'a fait avec son propre conjoint.

Très souvent, le modèle d'adulte intérieur n'est pas le parent que l'on aurait cru. En effet, ce n'est pas l'esprit conscient qui décide de la similitude et il arrive que l'on n'apprécie pas d'avoir été marqué par la personnalité et les attitudes du parent auquel on ressemble pourtant. Néanmoins, cette programmation de l'adulte intérieur renferme d'une part une série d'instructions personnelles expliquant comment être un adulte, et d'autre part un jeu programmé d'exigences qui conduiront à sélectionner un certain type de partenaire avec lequel recréer un modèle relationnel inconscient : le couple intérieur.

Deux des modèles d'adulte intérieur de Bill Clinton étaient des hommes à femmes. Son père biologique, William Jefferson Blythe, était un voyageur de commerce qui avait la réputation d'avoir une fille dans chaque ville. Marié quatre ou cinq fois, il avait régulièrement des ennuis, ayant recours à des faux noms et racontant des mensonges partout où il allait. C'était un fou du volant et il mourut trois mois avant la naissance de l'enfant. Sa mère confia le petit à ses propres parents les trois premières années de sa vie pendant qu'elle poursuivait des études à la Nouvelle-Orléans. Bien que la grand-mère aimât tendrement son petit-fils, elle en avait sans cesse après son mari et la petite enfance de Bill Clinton se déroula au milieu d'un couple qui se disputait. Quand la mère réapparut, les deux femmes se battirent pour la garde et l'affection de l'enfant.

Lorsque l'enfant eut quatre ans, sa mère qui, comme sa propre mère, passait pour une femme légère, épousa Roger Clinton, un coureur de jupons qui, en plus d'être joueur et alcoolique, était connu pour battre sa femme. L'enfance qu'elle avait passée auprès de ses parents avait préparé la jeune femme à une relation agressive avec son mari et prédisposerait le futur président à celle qu'il aurait avec Hillary. Notons que les deux modèles de partenaire intérieur de Bill – sa mère et sa grand-mère – étaient des femmes au caractère bien trempé et qu'elles l'influenceraient plus tard dans le choix de ses partenaires aussi sûrement que l'adulte intérieur de ses ratés de père et de beau-père influencerait son comportement relationnel.

Qui voulez-vous être quand vous serez grand ?

Pendant l'enfance, la part de l'adulte intérieur de votre personnalité s'est identifiée à l'un de vos parents : à mesure que se développait votre caractère, vos attitudes émotionnelles et vos réactions au stress tendaient plus vers l'un que vers l'autre. Il en est allé de même de la manière dont vous choisissiez vos partenaires.

Les journaux font régulièrement état de nouvelles découvertes scientifiques en matière de génétique : il est maintenant possible de prédire avec précision les maladies que chacun risque de développer. Grâce à la structure génétique, nous sommes capables de déterminer quelles caractéristiques présentera une personne plus tard dans sa vie. La taille est un bon exemple de résultat génétiquement programmé qui ne se manifeste pas avant l'âge adulte. Il en va de même du choix du partenaire et des modèles de couples préenregistrés.

Que vous croyiez à la théorie du gène de la personnalité ou non, nous constatons et entendons parler tous les jours autour de nous de caractéristiques physiques héritées. Chacun sait aussi que certains traits de caractère se retrouvent dans les familles, tout comme les yeux verts ou les cheveux frisés. Un enfant peut très bien ressembler physiquement à l'un de ses parents et se comporter comme l'autre tout en possédant une qualité qui vous fera penser encore à un autre membre de la famille : « C'est fou comme il a le menton de sa mère », ou encore : « Tu as hérité du QI de ton père. » Nous disons que des traits « courent » dans les familles. La médecine admet que certains problèmes de santé et la prédisposition à l'alcoolisme sont des conditions héritées qui se transmettent d'une génération à l'autre.

La psychogénétique s'appuie sur l'idée que l'on hérite de traits de personnalité et d'une nature émotionnelle comme on le fait de sa taille ou de la couleur de ses cheveux, et que les liens et les schémas relationnels sont le résultat du conditionnement de l'environnement. Je n'ai pas l'intention d'entrer ici dans le débat de savoir ce qui, de l'environnement ou de l'hérédité, détermine l'avenir d'un enfant. Je voudrais simplement vous donner mon avis et la possibilité de croire, tout comme Mark Twain et saint Augustin, que c'est l'environnement premier qui détermine la nature future d'un enfant. « Confiez-moi un enfant jusqu'à ses cinq ans et il sera mien pour toujours », disait en substance Twain pour expliquer l'impact du conditionnement initial sur le futur adulte.

Que vous croyiez à l'influence de la nature ou à celle de la culture, voire aux deux, la personnalité de l'un de vos parents, de vos proches, ou des personnes qui se sont occupées de vous se sont sûrement inscrites dans votre psychisme en développement pendant votre enfance, que ce soit avant ou après la naissance. À l'âge adulte, vous inclinerez vers l'un ou vers l'autre, tout comme vous hériterez de la couleur de cheveux de l'un ou de la taille de l'autre.

Le modèle proposé par les adultes qui nous entourent pendant la petite enfance a également des effets à long terme. L'enfant s'imprègne de l'idée qu'il va devenir comme l'un de ceux qui lui servent de premiers modèles : « Quand je serai grande, je ressemblerai à Maman », dira cette petite fille et, des années plus tard, voilà qu'il n'en est rien. Disons qu'elle ressemble physiquement à sa mère, qu'elle parle et marche exactement comme elle, mais elle a la personnalité de son père. Ou encore, c'est un petit garçon qui déclare : « Maman, quand je serai un papa, je me marierai avec quelqu'un qui sera comme toi. » Les exemples que vous aviez sous les yeux vous ont pénétré et, que ce soit de manière consciente ou inconsciente, vous avez modelé votre style relationnel adulte sur l'un d'entre eux. Ce parent-là forme votre adulte intérieur.

Dans environ 75 % des cas, lorsque l'on grandit et que la programmation fait surface, la part de l'adulte intérieur que l'on a en soi choisit le même type de partenaire que ce que son modèle d'adulte a choisi : un partenaire qui ressemble à l'autre parent. Si l'on a une personnalité proche de celle de son père, celui-ci forme son modèle d'adulte intérieur et l'on choisira un partenaire semblable à celui que son père lui-même a choisi : quelqu'un qui possédera les mêmes caractéristiques émotionnelles que sa mère parce que cette dernière constitue son modèle de partenaire intérieur. Si l'on ressemble davantage à sa mère, elle représente le modèle d'adulte intérieur et le partenaire que l'on choisira aura la personnalité et le comportement de son père, que l'on soit un homme ou une femme. Le père sera alors le modèle de partenaire intérieur.

La psychogénétique et le processus de sélection du partenaire ne sont pas liés au sexe, mais à la personnalité. Nous copions inconsciemment la personnalité de l'un de nos parents et la reproduisons dans la relation que nous entretenons avec une personne qui ressemble à l'autre de nos parents. Nous avons choisi cette personne comme partenaire parce que son fonctionnement relationnel est très proche de celui de nos parents. Le test de sélection que vous avez passé au début de ce livre va au-delà de votre conscient et met au jour la part de l'adulte intérieur que vous avez en vous : celle-ci contient l'ensemble de la programmation inconsciente première héritée de votre mère et de votre père et absorbée pendant votre enfance. C'est ce qui permet au test d'être un étonnant outil de prédiction quant au devenir de relations encore balbutiantes. Il révèle aussi de quelle manière est programmé votre partenaire intérieur.

N'oubliez pas que vous avez suivi pendant l'enfance une séance de formation quotidienne sur la façon dont, une fois adulte, vous alliez devoir vous comporter dans votre relation de couple. Le film avait pour titre *Ce que font les papas et les mamans*. Vous n'aviez d'autre choix que de le regarder, de l'adapter et de vous dire que toutes les relations entre adultes étaient ainsi. Ce n'est que lorsque vous êtes allé à l'école que vous vous êtes aperçu que tous les papas et les mamans n'étaient pas exactement comme les vôtres. Les enfants qui jouent aux grandes personnes reproduisent ce que font ces dernières dans leurs rôles de conjoints et de parents.

Ils apprennent en les regardant comment se comporter avec l'autre dans chaque situation adulte et s'entraînent ainsi pour leurs futurs rôles d'adultes : « Si tu dis cela, je réponds ceci », à l'image de ce que nous montraient notre père et notre mère.

Rappelez-vous : il n'était souvent pas évident de jouer au papa et à la maman avec les enfants du voisinage parce qu'ils ne savaient pas exactement comment jouer. Seuls nos frères et sœurs y arrivaient. Ils avaient regardé le même film que nous et étaient déjà programmés pour reproduire la manière dont interagissaient nos parents. Peu importe que vous n'ayez peut-être pas voulu ressembler à l'un ou l'autre de vos parents, ou que vous n'ayez pas du tout eu l'intention d'épouser quelqu'un qui leur ressemble. C'est de toute façon ce que vous avez fini par faire !

L'une de mes patientes m'a dit un jour : « Je me suis mariée à dix-sept ans pour échapper à ma mère. Si j'examine mes quatre mariages, je me rends compte que j'ai épousé ma mère à chaque fois. Mes maris m'ont traitée de la même manière qu'elle le faisait. C'est comme si son esprit avait habité chacun d'eux. Ils ressemblaient tous à mon horrible mère. J'ai passé dix ans sur le divan à travailler sur la relation de mon enfant intérieur avec ma mère. Et voilà que vous me dites que, depuis le début, c'est parce que je suis comme mon père que je choisis des hommes à la personnalité semblable à celle de ma mère. Le vrai problème, c'est que je suis attirée par le même genre de personnes que mon père, ce qui fait que j'ai naturellement choisi le même type de partenaire que lui. Au secours ! »

EXERCICE

Reprenez le test de sélection. L'adulte-parent auquel votre partenaire actuel ressemble le plus est votre modèle de partenaire intérieur ; l'autre adulte-parent représente votre modèle d'adulte (sections 2 et 3 dans le tableau de l'histoire de votre enfance, p. 14-15). Ces identifications ne sont pas liées à votre sexe, ni à celui de votre partenaire.

Quels traits de personnalité ou de comportement du parent qui forme votre adulte intérieur reconnaissez-vous *a priori* en vous ? Soulignez-les dans le test.

Votre modèle d'adulte était-il votre parent préféré ?

Quels traits de personnalité et de caractère de votre modèle de conjoint intérieur retrouvez-vous chez votre partenaire ? Soulignez-les dans le test.

Auriez-vous préféré que ce parent-ci soit votre modèle d'adulte intérieur ?

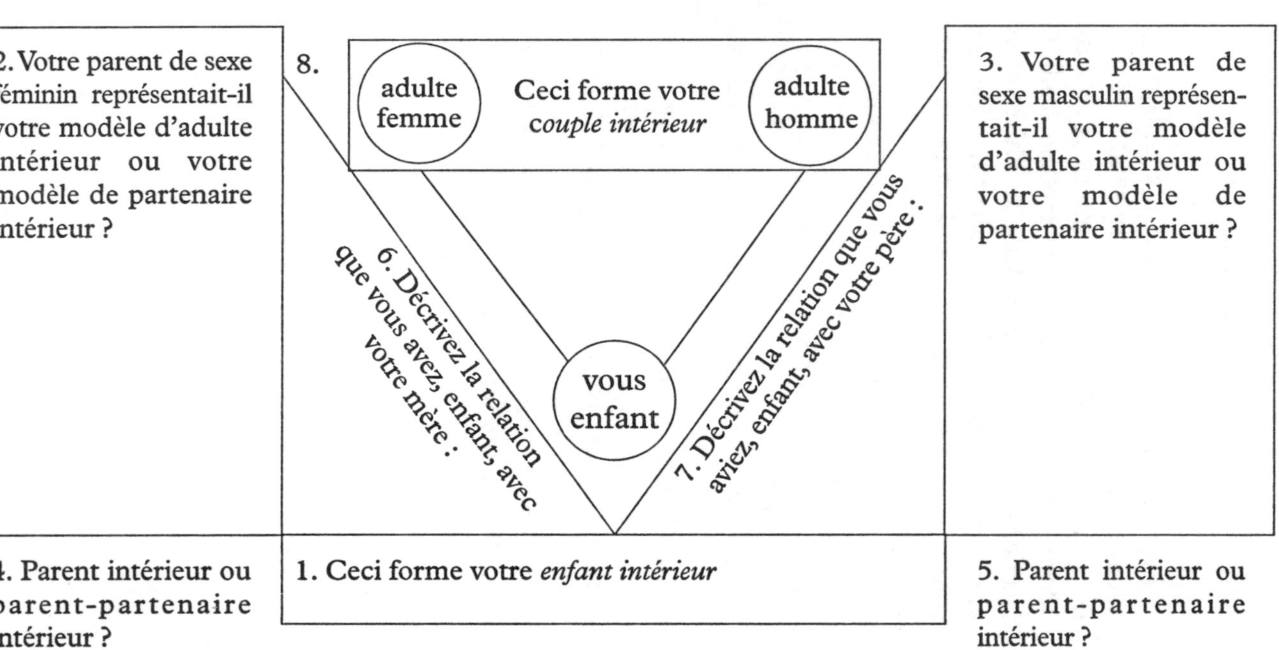
Tableau de l'histoire de votre enfance
2. Votre parent de sexe féminin représentait-il votre modèle d'adulte intérieur ou votre modèle de partenaire intérieur ?
8.
adulte femme
Ceci forme votre *couple intérieur*
adulte homme
3. Votre parent de sexe masculin représentait-il votre modèle d'adulte intérieur ou votre modèle de partenaire intérieur ?
6. Décrivez la relation que vous avez, enfant, avec votre mère :
vous enfant
7. Décrivez la relation que vous aviez, enfant, avec votre père :
4. Parent intérieur ou parent-partenaire intérieur ?
1. Ceci forme votre *enfant intérieur*
5. Parent intérieur ou parent-partenaire intérieur ?
© 1997 The Gestalt Institute of New Orleans/New York, Inc.

Vos modèles et vous

Examinons les influences des modèles d'adulte et de partenaire sur vos futures expériences de couple. Le modèle d'adulte intérieur désigne le parent dont vous vous rapprochez le plus dans votre relation de couple actuelle et le modèle de conjoint intérieur le parent auquel votre partenaire ressemble le plus (section 2 et 3 dans le tableau de l'histoire de votre enfance).

Si cet adulte-parent intérieur se trouvait être aussi votre adulte préféré, vous aimerez le rôle que vous tenez dans votre relation parce que vous ressemblez à l'adulte-parent que vous aimiez lorsque vous étiez enfant : vous aurez alors une bonne estime de vous-même.

En revanche, si votre adulte-parent préféré est incarné par votre modèle de partenaire intérieur, vous aurez d'avantage d'estime pour votre partenaire que pour vous-même.

Si, par chance, vous aviez la même préférence pour vos deux parents (modèle d'adulte intérieur et modèle de partenaire intérieur), vous aurez la même estime pour votre partenaire que pour vous-même dans votre relation.

Si vous n'aimiez aucun de vos parents en tant qu'adultes, vous éprouverez une faible estime tant pour vous-même que pour votre partenaire. Vous préférerez ne pas être en couple et aurez une meilleure estime de vous-même lorsque vous êtes seul.

Si votre modèle d'adulte intérieur est marqué du signe (+) dans le test de sélection, il constitue pour vous un exemple positif à suivre en tant qu'adulte.

S'il est marqué du signe (–), il forme alors un exemple négatif et il vous faudra reprogrammer votre adulte intérieur pour modifier le modèle relationnel selon lequel fonctionne votre couple intérieur. Faute de quoi, dans vos relations de couple, vous (adulte intérieur) imiterez automatiquement les modèles d'attraction et d'interaction du parent qui représente votre modèle d'adulte et, ce faisant, vous solliciterez chez votre propre partenaire (partenaire intérieur) les mêmes réactions que celles du parent qui constitue votre modèle de partenaire.

Par exemple, si pendant votre enfance le parent qui forme votre modèle d'adulte intérieur se mettait en colère contre son conjoint et que vous haïssiez ce comportement alors, en reproduisant aujourd'hui de manière automatique cette colère à l'égard de votre propre partenaire intérieur, vous déclencherez une réaction de haine à l'égard de vous-même identique à celle qu'éprouvait autrefois votre enfant intérieur à l'égard de son modèle d'adulte.

Mais si votre modèle d'adulte représentait votre adulte préféré, comme la mère de Lise, et si ce parent détestait votre modèle de partenaire, vous aurez, à l'image de ce parent, tendance à détester votre partenaire intérieur.

On appelle couple intérieur les interactions qui avaient lieu entre votre modèle d'adulte intérieur et votre modèle de partenaire intérieur pendant votre enfance. Lorsque vous avez grandi, ce couple a formé un modèle inconscient qui vous a servi plus tard dans votre propre relation de couple adulte.

Lorsque vous vous mettez en quête d'un partenaire, votre adulte intérieur est programmé pour trouver quelqu'un qui ressemble au parent qui forme votre modèle de partenaire intérieur. Que vous en ayez conscience ou non, vous serez toujours attiré par le même type de modèle de partenaire intérieur. Il n'est pas question ici d'apparence physique. Une personne peut très bien ressembler physiquement beaucoup au parent qui constitue votre modèle de partenaire sans pour autant avoir aucun trait de caractère en commun avec lui. Pour que cette personne vous plaise, elle devra aussi avoir une personnalité et un caractère suffisamment proches de ceux de votre partenaire intérieur.

Ce qui compte, c'est de savoir si l'arrière-plan parental de ce partenaire potentiel lui permet d'avoir avec vous la même interaction que le parent qui a formé votre partenaire intérieur avec son propre partenaire ; si tel n'est pas le cas, même les relations en apparence les plus prometteuses n'iront pas loin. *Le but inconscient est de recréer le couple intérieur.*

La programmation de votre adulte intérieur vous a choisi un partenaire censé vous fournir le même type de signaux et réponses que celui que recevait le parent qui représente votre modèle d'adulte, pour vous aider à produire des relations identiques à celles de vos parents, que celles-ci aient été bonnes ou mauvaises.

Une plante pousse dans le sens où penche la tige

Afin de se rendre compte de ce qui se passe dans le cas d'un couple intérieur positif, prenons l'exemple de Jean et Marie : le modèle d'adulte de Marie était sa mère (section 2), à qui elle avait attribué un signe (+) dans le tableau de l'histoire de son enfance. Cette dernière représentait aussi son parent préféré.

Adulte, Marie décrivait sa mère comme une personne appréciée de tout son entourage, parents et amis, et elle aurait aimé lui ressembler, aussi bien en général que dans sa relation de couple. Elle était également une très bonne mère. Marie avait donc un avantage énorme dans la vie. Elle avait une très bonne image d'elle-même parce qu'elle aimait sa mère et que sa mère s'aimait pendant l'enfance de Marie, qui sont les années où l'on est le plus impressionnable. Sa mère était donc à la fois son modèle d'adulte intérieur et de parent intérieur (sections 2 et 4).

Comme on pouvait s'y attendre, Marie devint le même genre d'adulte, d'épouse et de mère que sa propre mère. Elle avait, gravé en elle, un dialogue intérieur doublement positif : tout d'abord dans l'esprit de son enfant intérieur, du fait de la bonne relation (+) qu'elle avait eue avec sa mère (section 6) ; mais aussi grâce à la bonne estime de soi qu'avait sa mère à l'âge adulte. Marie avait à son tour une bonne estime de soi parce que sa mère, qui était son modèle d'adulte (adulte intérieur), avait elle aussi une bonne estime de soi quand Marie était enfant. De cet adulte qui était en même temps son modèle de parent intérieur, Marie avait appris également à être une bonne mère (section 4) et saura par conséquent s'appuyer sur son instinct lorsqu'à son tour elle élèvera ses propres enfants (la relation mère-enfant dans la section 6 était marquée d'un signe +).

Bien entendu, Marie suivit l'exemple de sa mère et se trouva un partenaire aussi tendre et gentil que l'avait été son père. Jean fut choisi parce qu'il correspondait au partenaire-père intérieur de Marie (section 3). Tout comme le père de la jeune femme, Jean était un adulte, un mari et un père positif (section 5) pour sa petite fille. Lui aussi avait eu de la chance dans son enfance, car il avait reçu de ses parents tout ce qu'un enfant est en droit d'attendre mais que peu reçoivent en réalité. Il avait eu deux parents aimants et émotionnellement sains, qui avaient une bonne relation de couple. Les relations qu'ils entretenaient avec l'enfant, séparément comme ensemble, étaient aussi positives. Dans ce monde parfait, ils purent ainsi transmettre à leur fils des programmes idéaux de couple intérieur et de parents intérieurs, et Jean fera de même avec ses propres enfants.

Observons comment Jean s'est inscrit dans la programmation de Marie. Il se trouve que son modèle d'adulte intérieur était également constitué par sa mère (section 2), mais leur bonne entente ne vient pas de là.

Le modèle de partenaire intérieur de Jean était le parent qui était du même sexe que lui, c'est-à-dire son père (section 3), et il reconnut la même personnalité chez Marie lorsqu'il la rencontra. « Je savais que Marie ferait une femme formidable et une mère idéale pour mes enfants », déclara-t-il sans prendre conscience que son conjoint-père intérieur formait le modèle de personnalité qu'il recherchait lorsqu'il choisit Marie. Jean, comme sa mère avant lui, voulait une partenaire qui présente les caractéristiques positives et aimantes de son père. Dans son interaction avec Marie, partenaire semblable à son père, Jean était programmé pour faire preuve des mêmes qualités que sa mère.

Si les modèles d'adulte de Marie et de Jean avaient été marqués d'un signe négatif (–) en tant qu'adultes, conjoints ou parents, la vie de ce couple se serait alors ressentie d'effets négatifs correspondants. Si l'un ou l'autre avait eu des parents « négatifs », ils n'auraient sans doute pas été attirés l'un par l'autre. S'il l'avaient été néanmoins, leur relation en serait probablement restée au stade de l'amourette : ils ne se seraient pas mariés parce que leurs modèles parentaux ne s'accordaient pas. Les problèmes de couple n'étaient pas programmés dans les prévisions du couple intérieur de Marie ni dans celles de Jean. Inconsciemment, chacun ne pouvait sélectionner qu'un partenaire programmé pour un mariage heureux.

NOTE : Du fait de la position de la mère-parent femme (section 2) dans la partie gauche du tableau et du père-parent homme dans la partie droite, si Marie ou Jean avait identifié son père comme son adulte intérieur, alors la section 2 du tableau correspondrait au partenaire intérieur et la section 3 à l'adulte intérieur.

Vers un nouveau modèle d'action pour le couple

Tout comme Jean et Marie, la relation que vous avez pu observer à la maison, de la naissance à l'âge de cinq ans, constitue la première image d'une relation adulte-adulte à s'être imprimée sur l'écran sensible de votre inconscient.

N'oublions pas que personne n'a pu connaître ses parents avant qu'ils ne soient mère et père. Au moment de votre naissance, ils avaient déjà eu au moins une fois des relations sexuelles. Ils avaient, ou avaient eu, une relation physique intime. Cette relation, qui existait entre les deux premières personnes que vous ayez eu dans votre vie, est aussi profondément gravée dans votre inconscient que l'est votre langue maternelle. Elle forme un programme d'interaction que j'appelle couple intérieur.

Quoique vous en pensiez, *la relation entre votre père et votre mère a formé la base de toutes les relations intimes futures que vous avez eues avec les autres êtres humains à l'âge adulte.* Dans la mesure où vous n'avez eu comme exemple relationnel que ces deux rôles principaux, vous vous inspirerez de l'un de ces adultes plus que de l'autre. La psychogénétique affirme que le parent qui forme votre modèle d'adulte devient votre première nature au sein du couple intérieur.

Tout comme la langue maternelle, l'ensemble de ces traits de personnalité adulte, ainsi que les signaux et réponses au partenaire intérieur, sont implantés en vous pendant l'enfance bien avant que vous soyez en mesure de décider si vous les voulez ou non. Positif ou négatif, ce modèle parental forme la base de ce que vous vivrez plus tard au cours de vos relations intimes avec votre ou vos partenaires.

Votre inconscient vous dicte non seulement comment vous comporter envers un partenaire, mais aussi quel type de partenaire choisir. Vous serez peut-être vexé d'apprendre que votre partenaire est en réalité une sélection programmée. Les instructions qui vous ont amené à le choisir représentent dans tous les sens du terme une *suggestion post-hypnotique* parce qu'elles ont opéré sans que vous en ayez conscience, en contrôlant qui vous alliez attirer, choisir et épouser. Si vous ne me croyez pas, essayez de penser dans une autre langue qu'en français. Vous n'avez absolument pas le choix tant que vous n'avez pas conscience de votre programmation. Vous n'avez qu'une seule option. Parler comme eux. Être comme eux.

Si vous avez été élevé dans un environnement bilingue, vous pouvez choisir entre deux langues à l'âge adulte. Si vous avez eu deux couples de « parents » ou de personnes qui se sont occupés de vous pendant votre petite enfance, vous avez aussi le choix entre deux modèles. Cependant, tous les souvenirs de votre enfance et des relations entre vos parents ont été enregistrés dans votre langue maternelle. Ce sont ces parents qui ont formé la base de votre couple intérieur.

EXERCICE

Reprenez le test de sélection qui se trouve au début du livre. Lisez la description que vous avez faite de la relation entre votre mère et votre père pendant votre enfance. La relation que vous avez avec votre partenaire actuel est-elle semblable à ce modèle de couple intérieur (section 8 dans le tableau de l'histoire de votre enfance) ?

La relation que vous aviez avec votre partenaire précédent était-elle semblable ? Et avec d'autres partenaires ?

Quels traits de personnalité partagez-vous avec le parent qui constitue votre modèle d'adulte intérieur ?

Quels traits de personnalité votre partenaire actuel partage-t-il avec le parent qui forme votre modèle de conjoint intérieur ? Qu'en est-il de vos partenaires précédents ?

Le film de formation du papa et de la maman

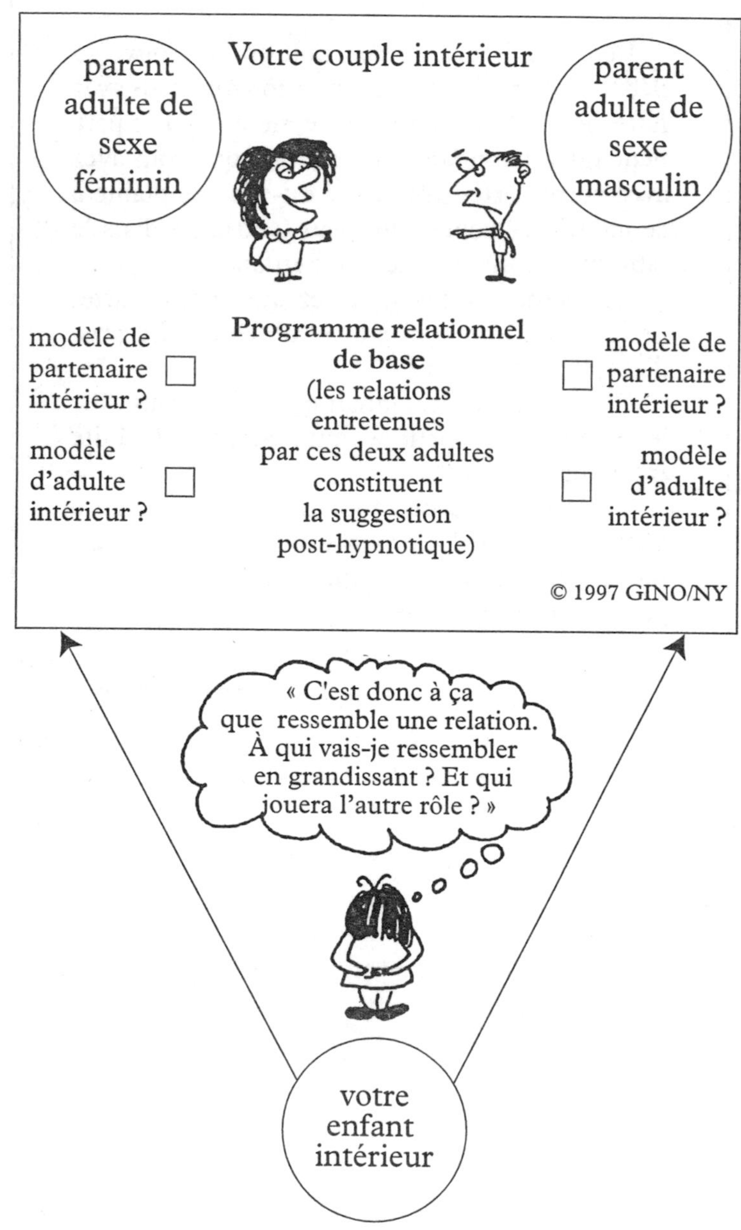

Projection privée

Examinons le test de sélection sous un angle différent. Dessinez un grand carré autour des relations entre vos parents (section 8 du tableau de l'histoire de votre enfance situé au début du livre) qui fera office d'écran de télévision. Vous vous rendez compte ainsi qu'enfant vous étiez le spectateur des relations entre vos parents qui étaient projetées sur cet écran. Vous étiez quotidiennement amené à regarder un film de formation aux relations, avec vos parents dans les rôles principaux. La relation que vous vivez aujourd'hui n'est qu'une séquence d'un vieux scénario transmis de génération en génération.

Il m'est apparu de plus en plus clairement que personne n'a en soi l'expérience de ses modèles d'adulte dans leurs relations avec leur partenaire. Pour réussir à révéler le fonctionnement du couple intérieur, il conviendrait de se mettre dans la peau de ses parents, plutôt que de simplement se souvenir de la manière dont ils se sont comportés l'un avec l'autre autrefois.

Il y a des années, dans son livre aujourd'hui classique, *Des jeux et des hommes* [1], Eric Berne introduisit pour la première fois le concept de scénarios relationnels. Claude Steiner a pris la suite avec *Scripts People Live* [2]. Tous les deux expliquaient les modèles relationnels qui dans les relations produisent des résultats négatifs.

---

1. Paris, Stock, 1984.
2. Que l'on pourrait traduire par *Des scénarios et des hommes (N.d.T.).*

Lorsque vous refermerez ce livre, vous serez à même de réécrire tous les scénarios de couple négatifs que vous avez mémorisés. Vous aurez la possibilité d'apprendre à interagir de manière plus efficace que vos parents et d'élaborer la relation que vous avez toujours rêvé d'avoir avec votre partenaire. Je vous proposerai plus loin des exercices qui vous permettront de modifier la programmation de votre couple intérieur.

Mais vous devrez d'abord apprendre à imiter consciemment les adultes qu'étaient vos parents, au lieu de les imiter inconsciemment dans vos propres relations. Il est nécessaire que vous jouiez le rôle de vos parents, d'abord comme ils étaient vraiment dans leur relations et ensuite comme vous auriez voulu qu'ils soient. Le monodrame constitue l'étape la plus importante dans le processus psychogénétique de reprogrammation du couple intérieur sur l'écran de vos souvenirs inconscients : il vous donne un accès intuitif privilégié aux dossiers inconscients de votre couple intérieur, qui vous est refusé si vous passez par le souvenir conscient.

QUESTIONS

Au début, la relation de couple de vos parents ressemblait-elle à une comédie, un drame, un film d'aventures, une histoire religieuse, une tragédie ?

Comportait-elle de la fantaisie, de la passion, de l'amour, de la rage, de la peur, de la terreur, de la tristesse, de la rancœur, du rire, de la joie, de la déception ?

Votre couple intérieur est-il censé rire, se battre, boire, aimer, partir, pleurer ?

Lequel des deux partenaires a-t-il le pouvoir, l'intelligence, la beauté, l'argent ?

Que préférez-vous dans votre histoire : le début, le milieu ou la fin ?

Quel est le titre du film privé de vos parents ? Et du vôtre ?

CHAPITRE IV

Le modèle

C'est de famille

Nous nous attendons à ce que les membres d'une même famille se ressemblent. La plupart du temps, l'enfant aura la même couleur d'yeux et de cheveux, la taille et les mêmes traits que l'un de ses parents. Mais qu'en est-il de ses dispositions ? Ou de ses dons ? Ils se manifestent en général aussi, mais pendant des années nous avons cru qu'ils étaient dus, non pas à l'hérédité, mais à l'influence de l'environnement au cours de la petite enfance. Récemment, certaines recherches génétiques ont suggéré l'existence de gènes de la personnalité.

La psychogénétique affirme que les dispositions de l'un des parents prédomineront chez chaque enfant. La personnalité de l'autre sera aussi présente, mais de manière récessive ou secondaire. Les gens me demandent : « Pensez-vous vraiment que j'aie hérité de la personnalité de l'un de mes parents ? Ne suis-je pas un mélange des qualités de chacun ? » Sur le plan physique, c'est bien souvent le cas en effet, mais nous sommes une combinaison de traits particuliers et non un mélange.

Comparons la psychogénétique et la génétique : des études réalisées sur de vrais jumeaux séparés à la naissance révèlent qu'adultes ils font preuve de similitudes étonnantes entre eux comme avec leurs parents, non seulement sur le plan physique mais aussi sur celui de la personnalité, du mode de vie, des dons, des émotions et du comportement, et ce bien qu'ayant été élevés dans des milieux différents. En dépit de leurs chemins différents, leur vie d'adulte tend à montrer que certaines données pourraient avoir été préétablies ou prédéterminées dès l'âge fœtal, ou que l'être humain aurait en lui des circuits imprimés de manière précoce qui, à l'âge adulte, conduiraient les membres d'une même famille sur un chemin étonnamment semblable.

Nous sommes dans l'ensemble prêts à croire que les enfants héritent de certaines prédispositions. Les médecins se servent de l'histoire familiale pour prédire, sur le plan physique, quels points forts et points faibles familiaux sont susceptibles de se manifester à l'âge adulte. Les compagnies d'assurance parient sur la justesse de ces caractéristiques héritées et collectent avec le plus grand soin toutes les informations disponibles sur la santé des parents de leurs assurés. Il est médicalement possible de prédire le futur à partir du passé, du moins d'un point de vue statistique. Il en va de même dans le domaine de la psychogénétique.

Les parents reconnaissent que les bébés nouveau-nés font preuve de traits de caractère bien distincts : « C'est le portrait de son père. Tout ce qu'elle veut, c'est manger et dormir. Son frère me ressemblait, il s'intéressait à tout. » Certains nourrissons sont très éveillés, d'autres placides ; certains sont faciles, d'autres capricieux. À mesure que l'enfant se développe, ce qui fait l'unicité de l'individu devient de plus en plus apparent : « C'est dans sa nature », dites-vous, ou : « Avec le caractère qu'elle a, c'est vraiment la fille de son père. »

J'ai toujours aimé le mot « apparent ». Il est des plus appropriés dans ce contexte. « A-pparent », voici ce à quoi je pense dès que je le lis ou que je l'entends. Ce qui ressort, c'est la filiation qui est insufflée dans la composition d'un être humain. Le plus souvent, la ressemblance engendre la ressemblance – du moins avec l'un des parents ou l'un des proches. Certaines données, comme la couleur des yeux, sont visibles dès l'enfance, alors que d'autres, comme la taille, le tempérament, les talents ou les préférences ne se manifestent que plus tard.

Régulièrement, les journaux nous apprennent qu'un nouveau gène a été repéré. La psychogénétique s'appuie sur l'idée que les traits de caractère sont hérités. Je suis persuadée que tout un ensemble de gènes de la personnalité seront bientôt découverts et que les test d'ADN nous permettront d'identifier aussitôt la nature innée du jeune enfant et de prédire la personnalité du futur adulte.

Le comportement adulte semble influencé par des exemples répétitifs proposés pendant l'enfance par des modèles qui ont été très tôt intégrés par hypnose dans l'inconscient. La génétique nous prédispose à acquérir certains traits et le milieu influence le comportement. Les deux phénomènes se combinent. La réponse à la question bien connue : « Le verre est-il à moitié plein ou à moitié vide ? » est qu'il est bien entendu à la fois l'un et l'autre. Nous sommes fortement influencés par des dispositions héritées et par les exemples donnés par le milieu dans lequel nous avons baigné dès le plus jeune âge.

Les scénarios de couple se répètent aussi de génération en génération. De la naissance à l'âge de cinq ans, tout ce qui nous entourait s'est imprimé dans l'inconscient. De cinq à dix ans, il nous reste sans doute certains souvenirs conscients de la relation parentale, mais cela n'aura pas la même influence comportementale que les cinq premières années de la vie sur notre couple intérieur.

On m'a souvent interrogée sur l'impact que peut avoir la relation entre les parents pendant l'adolescence. Il est faible, car nous nous en souvenons consciemment. Même si, adolescent, vous vous révoltiez contre vos parents, le couple intérieur qui s'est gravé en vous pendant vos premières années refera surface. Dans vos relations entre adultes, vous deviendrez comme l'un ou comme l'autre et tendrez à entretenir avec votre partenaire les mêmes rapports que ce parent entretenait avec son ou sa propre partenaire.

C'est ce qui est à l'écran qui compte

L'attirance et les liens amoureux semblent faire écho à l'exemple proposé autrefois par la paire parentale primaire que nous avions sous les yeux. Enfant, nous avons non seulement été marqués par l'interaction entre notre modèle d'adulte intérieur et notre modèle de partenaire intérieur, mais aussi par l'attirance initiale qu'ils éprouvaient l'un pour l'autre et par l'énergie émotionnelle qui existait *entre* les deux. D'une manière ou d'une autre, leur danse nuptiale a également été programmée dans notre inconscient, même si nous n'étions pas là pour la voir. Adultes, nous avons souvent répété leur histoire et trouvé quelqu'un qui ressemble à celui de nos parents qui a formé notre modèle de partenaire intérieur. Le décor était alors planté pour que nous interagissions avec notre propre partenaire comme notre parent modèle interagissait avec le sien.

Il est encore plus étonnant de constater que *les relations des parents de notre partenaire ressemblaient en général à celles de nos propres parents*. Les liens qui unissent nos beaux-parents se composent souvent d'ensembles pareils aux nôtres, avec un parent comme ci et un parent comme ça. Si vos parents formaient un couple de personnalités contraires, il est probable qu'il en ira de même pour vos beaux-parents. Si vos parents se ressemblaient, vos beaux-parents se ressembleront. Les gens ont tendance à choisir des partenaires dont les parents présentent le même schéma relationnel mari-femme et qui ont le même impératif relationnel à recréer un modèle de couple intérieur identique. Que les deux parents se ressemblent ou s'opposent, ils compteront en général des personnalités assorties.

Marie-Jo et Daniel ont été le premier couple à travailler avec moi sur la relation de leurs parents. La psychogénétique nous permettait d'examiner sous un angle nouveau le lien qui unissait ce couple en difficulté. J'ai disposé deux chaises vides et leur ai demandé de jouer le rôle de leurs parents et leurs interactions afin de me montrer quelle était la programmation du couple intérieur de chacun. L'un après l'autre, ils se sont succédé pour mettre en scène leurs parents, faisant ainsi remonter à la surface certains souvenirs d'enfance qu'ils avaient oubliés. Comme je voulais qu'ils aillent au-delà du comportement de leurs parents tel qu'ils le voyaient pendant leur enfance, je leur ai demandé d'occuper l'un après l'autre la troisième chaise demeurée vide. « Soyez votre moi-enfant intérieur, leur ai-je suggéré, et dites à vos parents ce que vous ressentiez alors lorsque vous regardiez le film qu'ils vous projetaient pour vous apprendre ce qu'était un couple. »

Ils ont tous les deux pris conscience à quel point ils avaient détesté ce qu'ils avaient vu enfants. Ils auraient aimé pouvoir modifier le comportement de leurs parents sur l'écran de leurs souvenirs. Cette idée était excellente et nous l'avons mise en pratique. Je leur ai demandé de rejouer la relation parentale telle qu'ils auraient voulu qu'elle soit. C'était pour eux l'occasion de cesser de souhaiter que la relation de leurs parents soit différente de ce qu'elle avait été et de tourner un autre film.

Il y a des années, au cours d'un séminaire de formation Erhard (EST), j'avais entendu une phrase qui n'avait cessé de me trotter dans la tête depuis. Werner Erhard, le fondateur de l'EST, disait que « pour rendre possible le changement, nous devons commencer par créer en nous un espace intérieur qui permette à quelque chose de différent d'arriver ». Plusieurs années après, Richard Bandler, le cofondateur de la programmation neurolinguistique

(PNL), inventa une technique de reprogrammation appelée « modèle pour changer l'histoire ». Ces deux concepts m'ouvrirent les yeux et je me rendis compte qu'on pouvait créer de nouvelles possibilités dans le scénario d'un client. J'aimais l'idée qu'il était possible de répondre au vœu de l'enfant intérieur : voir le couple parental heureux.

L'exercice du « vœu exaucé » auquel j'ai eu recours avec Marie-Jo et Daniel nous a permis de créer d'autres souvenirs en jouant le rôle de leurs parents sous un angle différent. J'étais excitée de voir qu'une nouvelle voie se dessinait dans mon travail. La Gestalt m'avait appris à avoir recours aux dialogues à deux chaises et à amener l'enfant intérieur à parler à l'un de ses parents pour que le client adulte puisse achever ce qui était resté en suspens dans la relation parent-enfant. Au lieu de cela, Marie-Jo et Daniel trouvaient la solution à *leurs* problèmes de couple irrésolus d'une façon analogue à ce que le moi-enfant intérieur de chacun aurait voulu que ses propres parents fassent pour eux-mêmes.

À partir de ce moment-là, je suggérai à mes autres clients de jouer le rôle de leurs parents trouvant une solution à leurs problèmes relationnels afin de créer un précédent dans leurs souvenirs. La mise en pratique de cette nouvelle expérience devait les aider à se comporter différemment l'un envers l'autre.

Cette technique rencontra un tel succès que je cessai de m'occuper des relations actuelles de mes clients pour me concentrer sur les modèles parentaux imprimés dans leurs souvenirs. Je constatai que dès lors que les clients travaillaient à réparer les relations passées de leurs parents, leurs relations mutuelles actuelles s'en trouvaient automatiquement modifiées.

Le fait de s'asseoir sur la troisième chaise avait donné à Marie-Jo et à Daniel l'étonnante capacité de voir leurs parents trouver et appliquer une solution positive à leurs problèmes relationnels. L'un et l'autre répétèrent plusieurs fois à leurs parents combien cela leur faisait plaisir de les voir enfin heureux ensemble. Entrant ensuite dans la peau de leurs parents, *ils* remercièrent Marie-Jo et Daniel de leur avoir fourni une meilleure solution à leur propre mariage sans se rendre compte qu'*ils* (Marie-Jo et Daniel) s'étaient donné à eux-mêmes cette solution. En cherchant à imaginer ce qu'auraient été leurs parents s'ils avaient été capables de mieux communiquer, Marie-Jo et Daniel ont réussi à utiliser cette capacité de communication pour eux-mêmes et à la transmettre à leur fille.

QUESTIONS

Imaginez que vous soyez redevenu enfant. Comment voudriez-vous que chacun de vos parents se comporte l'un envers l'autre ?

Qui devrait changer le premier ?

Quand les couples intérieurs sont bien assortis

Hubert et Julie vinrent me voir au moment où je mettais au point ma théorie psychogénétique. Je comprenais enfin les associations qui s'étaient faites plusieurs années auparavant dans les ateliers relationnels que je dirigeais. Des modèles de couples intérieurs avaient contrôlé le comportement et les sentiments des participants dans la relation qu'ils vivaient. Des programmes inconscients s'étaient activés et limitaient leurs interactions. Qu'importe ce qu'ils avaient pu apprendre consciemment dans les ateliers, ces programmes restaient en place.

Il m'apparaissait de plus en plus clairement que, pour permettre aux couples de changer de manière permanente, il leur fallait apprendre de nouveaux comportements à un niveau inconscient comme Marie-Jo et Daniel l'avaient fait. Cela impliquait de les voir résoudre eux-mêmes *à nouveau* les difficultés relationnelles de leurs parents au lieu de se contenter de souhaiter que leurs parents l'aient fait.

Pendant que Hubert et Julie me parlaient de leurs différences, j'étais à l'écoute des similitudes qui pouvaient exister entre leurs problèmes relationnels et ceux de leurs parents. Les conflits présents dans la relation de Hubert et de Julie reflétaient sûrement des difficultés non résolues dans la relation de couple de chacun de leurs parents. Si nous ne résolvions pas les conflits d'origine des relations passées, nous nous contenterions de rafistoler de manière précaire le couple de Hubert et Julie. Sans précédent comportemental positif émanant de leurs modèles de couple intérieur, ni Hubert ni Julie, malgré tout le mal qu'ils se donneraient, ne seraient capables de poursuivre les changements conscients qu'ils souhaitaient mettre en œuvre.

Au premier signe de stress, Hubert ou Julie, ou les deux, régresseraient en adoptant le comportement programmé de leur couple intérieur. L'un des partenaires déclencherait automatiquement la réaction de l'autre puisque leurs deux modèles de partenaire étaient conçus pour réagir de la même manière. Ensemble, ils détenaient toutes les instructions dont ils avaient besoin pour reproduire la relation difficile de leurs parents – et ils s'y employaient avec la plus grande constance.

Hubert et Julie ne s'étaient évidemment pas choisis à la suite d'une décision consciente. Ils reconnurent l'un comme l'autre qu'aucun des deux n'avait épousé le partenaire qu'il préférait. Bien qu'ils aient su qu'ils se feraient du mal, le passé de leurs parents les avait obligés à choisir quelqu'un qui corresponde à leur modèle de partenaire intérieur. Eussent-ils rencontré une personne plus gentille, plus belle, plus intelligente, plus riche ou plus attentive, elle n'aurait pu être acceptée par leurs adultes intérieurs respectifs. Comme nombre de couples qui rompent pour des raisons qui leur échappent, ni Hubert ni Julie n'avait réussi à comprendre pourquoi ils avaient mis fin à des relations avec des partenaires plus aimants pour se retrouver ensemble. Le test de sélection leur montra de quelle manière ils avaient suivi le conditionnement négatif de leur couple intérieur. Comme deux miroirs, leurs modèles d'adulte et de partenaire intérieurs formaient une association malheureuse héritée de la génération précédente.

Même si l'enfant intérieur en chacun d'eux s'efforçait de résoudre les problèmes de ses parents, leur adulte intérieur choisissait le même type de partenaire, ce qui leur garantissait de futurs ennuis. Et, pour ne rien arranger, les solutions auxquelles ils avaient recours étaient les mêmes que celles que leurs parents avaient tenté en vain de mettre en œuvre. Le mari et la femme avaient été attirés l'un vers l'autre parce que les scénarios de leur couple intérieur se ressemblaient. Ils n'étaient certes pas les partenaires idéaux, mais ils étaient en un sens faits l'un pour l'autre.

J'avais de nombreux autres patients qui se demandaient pourquoi ils avaient rompu avec un partenaire qu'ils aimaient et qui les aimait, pour choisir à la place quelqu'un qui les négligeait. La réponse psychogénétique était simple : le parent qui représentait leur partenaire intérieur n'avait pas fait preuve d'amour à l'égard du parent qui formait leur adulte intérieur, de sorte qu'un partenaire aimant ne pouvait pas rentrer dans le moule de leur couple intérieur. Le concept du couple intérieur enregistré permet de comprendre pourquoi certains restent amis sans jamais devenir amants, pourquoi certains amants ne s'entendent plus dès lors qu'ils se marient, pourquoi deux conjoints qui ne cessent de se disputer restent ensemble, et pourquoi les gens qui s'aiment épousent quelqu'un d'autre. *Les contraires s'attirent parce qu'il en allait de même pour leurs parents.*

Ce que signifient vraiment « les contraires »

Depuis plus de vingt ans que j'exerce le métier de thérapeute de couples, l'expérience m'a montré qu'à de très rares exceptions près les couples ayant des problèmes sont toujours, comme l'étaient leurs parents et leurs grands-parents, des « contraires ». À l'origine, la maxime qui veut que « les contraires s'attirent » concernait « les sexes contraires », mais nous lui avons attribué un tout autre sens. Quand on affirme aujourd'hui que « les contraires s'attirent », on fait en général référence à deux personnes dont les personnalités sont opposées : un introverti et un extraverti, un généreux et un mesquin, un alcoolique et un abstinent, etc. Lorsqu'une relation va mal, il est fréquent d'entendre dire : « La prochaine fois, je choisirai la personnalité opposée. » Toutefois, l'inconscient attribue une signification bien différente au mot « opposé » ou « contraire ».

Dans l'esprit de l'enfant, l'autre parent représente le contraire ou l'opposé. Nos parents se tenaient aux côtés l'un de l'autre ou, comme l'on dit, à l'opposé l'un de l'autre. Aussi, quand nous décidons de choisir un partenaire qui soit à l'opposé du précédent, nous basculons dans notre nouvelle relation vers le modèle offert par l'autre parent. Nous adoptons alors souvent son rôle pour éviter de nous retrouver une nouvelle fois avec le même genre de partenaire. N'oubliez pas que, à part l'autre parent, il n'existe pas de modèle d'adulte alternatif.

Mais en endossant vous-même le rôle du partenaire intérieur, assorti de toutes les caractéristiques qui formaient la personnalité et le comportement de votre autre parent dans le couple intérieur (la personnalité secondaire), vous êtes tout simplement amené à choisir un partenaire semblable au parent qui forme votre adulte intérieur et que vous incarniez dans votre précédente relation. Aussi, bien que la décision de changer de modèle soit prise pour éviter que la nouvelle relation ne connaisse la même fin que la précédente, la combinaison de deux personnalités dont l'une ressemble à maman et l'autre à papa produit le même couple intérieur. En choisissant le rôle opposé, vous ne faites que ressembler davantage au parent opposé et vous réagissez avec les mêmes comportement programmés que cet autre parent. L'échange des rôles n'est donc pas une solution et cela revient souvent à tomber de Charybde en Scylla.

EXERCICE

Décrivez le comportement et faites la liste des traits de caractère de vos parents et de vos grands-parents paternels et maternels.

Diriez-vous qu'il s'agit de couples de « contraires » ? Ou de « semblables » ?

Demandez à votre partenaire de faire la même chose de son côté.

Changer de modèle

Gloria était l'exemple type de la personne qui change de modèle. Sa mère était son parent préféré : dévouée, chaleureuse, mais aussi très exigeante. Gloria communiquait peu et de manière insatisfaisante avec son père, qui représentait son partenaire intérieur. C'était un homme froid, renfermé, occupé, distant et, quand il buvait, violent. Ses parents se disputaient sans cesse et passaient leur temps à se battre froid. « Ma mère pleurait et mon père quittait la maison pendant plusieurs jours. C'est ainsi qu'ils résolvaient leurs problèmes. »

Les théories parent-enfant sur le choix du partenaire qui ont cours actuellement diraient que l'enfant intérieur de Gloria devrait la pousser à choisir comme mari un homme qui, comme son père, s'avérera incapable de satisfaire ses besoins. Mais Gloria épousa son amour de jeunesse, un garçon qu'elle connaissait depuis dix ans et qui s'était toujours montré attentionné à son égard. Et pourtant, quoiqu'ils aient été très proches pendant de longues années, ils commencèrent à se disputer peu de temps après leur mariage et c'en fut terminé de leur belle entente. « Dès que j'ai été enceinte, David s'est montré encore plus indifférent et s'est mis à boire avec ses copains. Pourquoi ? Ils n'était pas comme cela avant, me déclara Gloria. C'est devenu insupportable. »

Gloria se remaria. « Je fis en sorte, me dit-elle, de choisir quelqu'un de très différent de mon père. En fait, par mesure de précaution, je pris l'exact opposé de David. » Mais son mariage avec Alain se termina de la même façon : disputes, insultes, indifférence, distance.

Pourquoi Gloria a-t-elle obtenu le même résultat la seconde fois ? Nous connaissons déjà la réponse. Gloria est passée du modèle de son adulte intérieur à celui de son partenaire intérieur. Elle a choisi comme deuxième partenaire quelqu'un qui ressemblait à sa mère. À sa grande surprise, ce fut elle et non Alain qui devint froide, méchante, indifférente et violente. « Je m'étais même mise à boire. Je devins tout ce que j'avais toujours détesté chez mon père », me dit-elle.

Rien d'étonnant à cela : son père représentait maintenant son adulte intérieur et il buvait ! Autrement dit, le parent qui avait le moins satisfait ses besoins s'était, à sa grande surprise, manifesté en elle et non en son partenaire. Assumant maintenant le rôle de son père, Gloria n'aimait ni son moi-adulte intérieur ni son conjoint-partenaire intérieur dévoué.

On se souvient que le parent préféré de Gloria, quand elle était enfant, était sa mère dévouée. Mais le dévouement de sa mère ne servit qu'à faire empirer la situation de la jeune femme, qui jouait maintenant le rôle de son père. Dans son premier mariage, la mère de Gloria avait constitué son modèle d'adulte intérieur. Par la suite, sa mère était devenue son modèle de partenaire intérieur et Gloria s'était mise à réagir comme son père.

J'étais enfin capable d'expliquer pourquoi des relations successives finissaient souvent par ressembler aux précédentes, mais à l'envers : la personne était passée d'un rôle à l'autre. Lorsque les parents présentaient des caractéristiques contraires dans le test de sélection, les gens qui se remariaient replongeaient sans le faire exprès dans le même genre de relation abusive en épousant quelqu'un à l'opposé de leur premier partenaire.

À la suite de nos séances, Gloria comprit pourquoi elle avait repoussé Alain : dans son second mariage, le rôle de sa mère avait été endossé par son nouveau mari et elle-même n'avait eu d'autre choix que de se comporter comme son père. « Lorsque enfant je voyais la peine que l'indifférence de mon père causait à ma mère, j'aurais été bien incapable d'imaginer que je traiterais un jour mon mari de la même façon. En plus, je me déteste quand je bois. Alain a été tellement gentil avec moi, mais il manque de caractère. Maintenant que j'ai compris ce qui me pousse à agir de cette façon, comment puis-je m'en empêcher ? ».

J'étais incapable de lui répondre. Tout ce que je savais, c'est que dès le départ cela n'avait pas été une bonne idée de se mettre ensemble. Les contraires donnent rarement des couples heureux.

Tomber amoureux

Il fallait que je comprenne pourquoi les contraires s'attirent autant. Pourquoi tombent-ils si facilement amoureux l'un de l'autre, alors que, au départ, ils ne s'apprécient pas forcément. Jeune, j'étais déjà fascinée par la question de la différence. À l'école, j'avais des amies que j'aimais d'abord parce qu'elles me ressemblaient. Nous étions en général d'accord sur tout, et à l'adolescence c'était même devenu une obligation. Nous nous habillions et parlions de manière identique, faisions tout ensemble, aimions les mêmes chanteurs, mais nous n'étions pas toujours du même avis quand il s'agissait des garçons.

À un moment ou à un autre de notre parcours, nous avions reçu des messages différents à ce sujet et personne n'était capable de dire qui aimerait qui. « C'est un naze, Patricia, déclarais-je. Qu'est-ce que tu peux bien lui trouver ? » Je ne comprenais pas comment elle pouvait aimer Bruno. Ils avaient des personnalités totalement différentes et il n'avait rien à voir avec moi non plus. Mais il plaisait bel et bien à Patricia et elle se demandait de son côté ce que je pouvais bien trouver au garçon qui me fascinait. « Fasciner » est d'ailleurs un mot intéressant.

Les passions adolescentes sont d'intenses obsessions qui produisent alternativement de l'attente et de l'angoisse. Nous sommes ici dans le domaine des réactions exacerbées que nous mettons sur le compte des hormones. Celles-ci expliquent d'ailleurs bien d'autres choses et, plus tard dans la vie, nous parlons de « chimie » pour rendre compte du jeu amoureux. Cette « chimie » désigne l'ensemble des réactions internes et externes exacerbées, tout à la fois uniques et inexpliquées, que nous éprouvons à l'égard d'une personne donnée à une certaine époque de notre vie. S'il est possible de développer la même « chimie » à l'égard d'une autre personne à un autre moment de sa vie, il est en revanche impossible d'être obsédé simultanément d'une manière aussi intense par deux personnes différentes. On friserait la déloyauté si on le laissait entendre. Consécration, dévotion et désir forment un ensemble que l'on destine à l'objet de ses rêves.

On parle en général de « toquade » pour éviter de confondre ces sentiments avec l'amour – je veux dire : l'amour véritable. Ce dernier est synonyme de mariage ou d'état amoureux. De toute évidence, on associe souvent l'adjectif « amoureux » à la toquade, qui est un résultat « chimique ». Quant à moi, je classe tout cela sous le terme d'hypnose. La personne amoureuse est sous l'emprise d'un sort. Quand on est amoureux, on est en transe, et ces sentiments intenses sont bien entendu stressants.

EXERCICE

Voici quelques mots et phrases auxquels on a souvent recours lorsque l'on tombe amoureux. Remplissez les blancs pour voir quelle transe s'applique à vous.

J'ai été envoûté(e) par
Je suis intrigué(e) par
Je suis sous le charme de
Je suis fasciné(e) par
Il y a eu quelque chose dans sa façon de
Pour une raison que je ne peux expliquer, je
J'ai craqué pour
J'ai été attiré(e) par
Je ne peux penser à rien d'autre qu'à
J'ai été charmé(e) par
J'ai succombé à
Je me suis perdu(e) dans
Je suis tombé(e) désespérément amoureux(se) de
Je suis captivé(e) par

J'ai été ensorcelé(e) par
Je suis étourdi(e) par
Je ne peux me détacher de
Il/elle est l'homme (la femme) de mes rêves
Je ne peux détacher mes yeux de
J'ai su dès que je l'ai vu(e) que
J'adore la manière dont il/elle me fait sentir...

Les suggestions post-hypnotiques

Nous savons presque tous ce que signifie être amoureux. Il y a ce regard lointain, la concentration permanente sur l'objet aimé, l'idée que tout ce que l'on a toujours désiré se trouve incarné là, dans cette personne parfaite. Il y a le sentiment que personne sur terre n'a jamais ressenti rien de semblable jusqu'ici et la certitude un peu folle que cela durera toujours. L'amour est synonyme d'extase et d'agonie, de liberté, d'esclavage et de piège, la réponse à nos rêves les plus secrets. En fait, nous tombons amoureux un peu comme nous tombons endormis. Nous passons d'un état de conscience interne à un autre. « Être amoureux » est un état rêvé, un sentiment inconscient.

Freud comparait l'expérience de l'hypnose à celle de l'état amoureux. Il reliait aussi le comportement du sujet hypnotisé à l'égard de l'hypnotiseur à celui qu'ont les membres d'une tribu primitive envers leur chef : le sujet suit de manière automatique les suggestions de l'hypnotiseur, sans que cela soit le résultat d'une décision consciente. Cette façon de se comporter se retrouve chez les personnes amoureuses. Sont-elles hypnotisées ? et par qui ?

Certains dictionnaires anciens définissent l'hypnose comme un état de transe caractérisé par une tendance exagérée à se laisser influencer et une interruption temporaire des fonctions normales de la mémoire, de la personnalité et de la perception. L'état hypnotique peut également être autosuggéré par une concentration sur une pensée, un objet ou une personne uniques : dans ce cas, le phénomène est appelé autohypnose ou autosuggestion. Autrement dit, cela signifie que l'on peut entrer en transe par la simple concentration sur une personne, le souvenir de certains stimuli ou la répétition de comportements de transe précédents. Le stress ou de soudains changements peuvent aussi bien provoquer des comportements régressifs que des sentiments intenses.

On a également recours à l'hypnose pour produire une régression jusqu'à l'époque d'un événement antérieur, ce qui peut faire surgir des sentiments refoulés, qui gisent cachés dans le subconscient. Pendant l'hypnose, l'esprit conscient est mis de côté et l'inconscient prend le relais. Cet état est appelé transe. Les possibilités de l'hypnose sont sans limites.

Les campagnes de publicité modernes sont un bon exemple de suggestions post-hypnotiques par répétition. Plus nous entendons vanter un produit, plus nous avons envie de l'acheter. « Vous ne pouvez pas n'en manger qu'une », affirme une réclame pour des chips. Nous sommes conditionnés à croire que tel produit impliquera tel effet.

Les études de Pavlov sur le conditionnement

exploraient les associations qui se font dans le cerveau d'un chien avec le son d'une cloche : parce qu'une cloche retentissait à chaque fois que le chien recevait de la nourriture, le seul son de la cloche suffisait ensuite à provoquer une réponse du chien sous forme de salivation. On nomme ce phénomène stimulus-réponse, régression, ou transe.

La réaction du chien de Pavlov consistait en une association par répétition. Nous apprenons aussi par la répétition. Nos réactions aux stimuli sont souvent compulsives et se situent hors du contrôle de notre esprit conscient. La plupart du temps, ces réactions proviennent de l'empreinte laissée par notre famille d'origine.

Les suggestions post-hypnotiques produisent dans le cerveau un modèle du type stimulus-réponse. Une suggestion ou un ordre passés antérieurement à notre inconscient peuvent prendre le contrôle et provoquer en nous une réponse, sans que nous sachions de quoi, de qui ni d'où provient le stimulus d'origine. *Les hypnotiseurs étaient le plus souvent nos parents pendant notre enfance. Ils ont induit la première transe.* Nous ne faisons que répondre de la manière dont nous avons été programmés sans être capables de nous souvenir pourquoi nous nous comportons de cette façon. Des chercheurs se sont penchés sur les origines évolutionnistes de l'amour pour essayer de trouver si celui-ci est encodé dans les gènes ou imprimé dans le cerveau. Sommes-nous amoureux de ce que nous avons vu en premier ? S'agit-il d'amour au premier regard... ou au premier son ? Au premier contact, goût ou odeur ? À moins que ce ne soit tout cela en même temps ?

Les dialogues de l'enfant intérieur

Des psychothérapeutes ont mis au point des techniques appelées dialogue avec l'enfant intérieur. Elles aident la plupart des adultes à retrouver certaines des empreintes inconscientes laissées par la famille d'origine. Il apparaît de plus en plus que les souvenirs d'enfance les plus préjudiciables sont ceux que l'esprit conscient a été incapable de résoudre ou d'exprimer à qui que ce soit à l'époque. L'enfant a souvent été obligé de garder secrets les sentiments négatifs qu'il pouvait avoir.

Nos premiers souvenirs comportent de bons comme de mauvais sentiments. Les événements que nous avons vécus ou qui se sont produits autour de nous sont imprimés dans l'inconscient. Plus les souvenirs sont désagréables et plus la tendance à les oublier totalement est forte. Oublier signifie être incapable de les rappeler à la mémoire. Les sentiments associés à l'événement ont été enterrés à l'intérieur et, malheureusement, ils ont été enterrés vivants. Ce sont ces sentiments enterrés qui semblent surgir de nulle part et interfèrent avec notre vie présente, nos décisions et nos relations d'adultes. Ils nous mettent dans des situations difficiles sans que nous en comprenions la raison.

« Je ne sais pas pourquoi j'ai dit ça, nous demandons-nous à voix haute. C'était idiot de ma part. » Ne vous êtes-vous jamais promis de ne plus répéter un certain comportement pour vous retrouver par la suite en train de faire exactement ce que vous vous étiez juré de ne plus faire ? « Elle essayait juste d'être gentille. Mais je lui ai sauté à la gorge.

J'éloigne de moi tous ceux que j'aime. Cela n'a pas de sens », est typique de ce genre de problématique.

La plus grande partie de ce qui est enfoui dans l'inconscient n'a aucun sens pour le conscient. C'est d'ailleurs au départ précisément la raison pour laquelle ce dernier a mis de côté les sentiments qu'il éprouvait, sans se souvenir pour autant les avoir enterrés. Ils le sont néanmoins depuis votre enfance, parce que l'enfant que vous étiez à l'époque était incapable de faire face à ces sentiments et les a réprimés.

Les relations entre adultes constituent l'une des principales catégories qui semblent incompréhensibles à la conscience enfantine. N'ayant pas encore été adulte, vous n'aviez ni l'expérience ni le pouvoir de comprendre ce qui se passait entre des parents que vous aimiez et dont vous dépendiez totalement. Et pourtant, ce sont précisément ces personnes-là que vous avez imitées une fois adulte sans jamais comprendre vraiment pourquoi. « Avant, la thérapie ne servait qu'à me dire comment mon partenaire et moi aurions dû nous comporter en tant que couple. Nous ne comprenions pas pourquoi nous agissions ainsi l'un envers l'autre. Aujourd'hui, il nous suffit de voir le film de formation que nous avons l'un et l'autre quotidiennement regardé depuis la naissance jusqu'à l'âge de cinq ans pour comprendre comment nous réagissons au stress. »

Les dialogues de l'enfant intérieur permettent souvent de découvrir les premières images enregistrées de ce à quoi est censée ressembler une relation entre adultes : ce modèle est devenu un but inconscient pour l'âge adulte. Comment jouer à être papa ou maman ? L'un agit comme ci, l'autre comme ça. Nous savons tous inconsciemment à quoi ressemble une relation de couple. Elle est semblable à ce qu'était celle de nos parents. Vous vous en souvenez encore, même si vous avez oublié comment ils se comportaient l'un envers l'autre – en fait, particulièrement si vous l'avez oublié.

Les sentiments qui existent entre votre partenaire et vous doivent correspondre à ceux qui prévalaient entre vos parents. Souvenez-vous que la première graine du couple intérieur a été plantée par la répétition. L'acte même du mariage renforce la transe psychogénétique qui se niche dans votre adulte intérieur. Le programme du couple intérieur qui se trouve déjà en place est activé lorsque que commence le processus d'accouplement. *Votre relation ira aussi loin que ce vieux programme peut l'emmener, mais n'ira pas plus loin – sauf si vous réussissez à sortir de votre transe pour volontairement passer outre cette suggestion post-hypnotique.*

QUESTIONS

Que ne comprenez-vous pas en vous dans les relations que vous avez avec les autres adultes ?

Que n'avez-vous pas compris en votre conjoint ou anciens conjoints ?

Que ne compreniez-vous pas dans les relations de vos propres parents ?

Nous régressons tous sous le stress

Au début de ce livre, je vous ai donné une activité destinée à vous placer dans une situation de stress. Je ne vous ai accordé que dix minutes pour parcourir la première étape du test de sélection, ce que la plupart des gens ont été incapables de réussir. Je l'ai fait afin de vous empêcher de trop réfléchir à vos réponses, de façon à ce que vous puissiez avoir accès plus facilement à vos souvenirs d'enfance inconscients.

Sous la pression du stress, quel qu'en soit l'origine, la plupart des gens régressent automatiquement jusqu'à leur modèle programmé. La régression est une sorte de transe. Toute forme de stress induit un retour à des comportements appris pendant l'enfance, quotidiennement mis en œuvre par les adultes de votre famille d'origine et que vous avez acquis de votre modèle d'adulte intérieur. Ce sont ces mêmes comportements qui ressortent de manière mécanique lorsque vous êtes soumis à un test ou à un stress.

Tout ce qui s'est passé dans la vie de votre modèle d'adulte intérieur pendant les cinq premières années de votre vie a été imprimé dans votre mémoire inconsciente (pour venir former votre adulte intérieur). C'est la raison pour laquelle les tests de sélection d'un frère et d'une sœur (ou de deux frères, ou de deux sœurs) témoignent d'expériences différentes de leurs parents. Nos premières expériences (surtout avant deux ans) reflètent une période différente de la vie de notre modèle d'adulte et de la relation parentale. Ce qui apparaît sur l'écran du couple intérieur d'une personne, c'est la manière dont étaient ses parents pendant ces cinq premières années.

Bien que les méthodes de papa et de maman et leurs interactions n'aient peut-être pas été celles d'un couple idéal, heureux et menant une vie de famille normale, vous ne connaissiez rien d'autre à l'époque. Même si le comportement de vos parents différait de celui de leurs voisins, c'était le seul que vous connaissiez lorsque vous étiez petit. La manière dont ils agissaient avec vous et entre eux s'est imprimée sur la rétine de votre esprit. D'ailleurs, chaque membre de cette première famille d'origine a eu un impact significatif sur vous, que vous ayez aimé leur comportement ou non. Les interactions de l'environnement dans lequel vous avez grandi étaient si profondément inscrites dans votre inconscient qu'on pourrait dire qu'à cinq ans vous étiez hypnotisé par elles. Certains d'entre vous pensent peut-être que cela n'a aucune importance parce que tout cela appartient au passé. Vraiment ?

Pour la plupart, nous ne nous souvenons consciemment que de peu de choses des cinq premières années de notre vie. Parfois même de rien. Il vous est peut-être difficile de vous rappeler ce que vous ressentiez enfant, ou même l'endroit où vous habitiez. Certains des événements, lieux et sentiments de l'époque sont rangés au plus profond de votre mémoire inconsciente, sous la lettre M comme « Mieux vaut ne pas s'en souvenir ». Mais, sous le stress, vous agirez comme votre modèle d'adulte intérieur agissait, que vous ayez aimé son attitude ou non.

Il est par conséquent important de prendre conscience du « modèle de couple » que l'on a subi, et plus particulièrement de ce qui se déroulait à la maison avant d'aller au jardin d'enfants ou en primaire. Le test de sélection vous aide à reconnaître quelles réactions au stress furent imprimées dans votre inconscient. La question est la suivante : « Que faites-vous quand avez faim, que vous vous sentez en colère, seul ou fatigué ? » On constate que trop souvent les anciens malades répondront au stress en reproduisant le comportement auquel ils cherchaient à échapper. Ils passent à l'acte, recommencent à boire ou à se droguer. Ils font face au stress par la régression ou par une rechute dans des comportement précédents.

Bill Clinton est l'exemple même de la personne qui, sur le plan professionnel, s'est élevée au-dessus des modèles de son enfance, mais qui, sous l'effet du stress, a régressé vers le comportement de ses deux adultes intérieurs. Quand Monica Lewinski est arrivée à la Maison-Blanche, il portait le deuil de trois adultes qui avaient compté dans sa vie : sa mère, une figure paternelle et une amie proche. Il était aussi déjà sous le coup d'une enquête dans le cadre de l'affaire Paula Jones. D'une manière générale, il était dangereux pour lui d'entreprendre quoi que ce soit avec Monica. Le risque était encore plus grand à la Maison-Blanche. Mais son beau-père, Roger Clinton, était un homme à femmes et un joueur. D'ailleurs, ses deux modèles d'adulte intérieur étaient des risque-tout.

L'obsession sexuelle et celle pour les jeux entraînent des comportements où la prise de risques et la recherche de sensations sont élevées, et l'attirance que provoque la transe du couple intérieur est à l'origine de bien des coïncidences demeurées inexpliquées. Jerome Levin décrit une photo de la mère de Bill Clinton tirée des archives du *Washington Post*, qui offre une ressemblance frappante avec Monica Lewinski[1].

Le fait le plus surprenant est que William Jefferson Blythe, le vrai père de Bill, fut tué à cinquante-deux ans, alors qu'il prenait un risque inconsidéré. Conduisant à toute vitesse pour aller voir sa jeune femme qui était enceinte, il sortit de la route. Ce n'est pas une coïncidence si Clinton était aussi âgé d'une petite cinquantaine d'années et que Monica en avait à peine vingt lorsqu'ils se sont rencontrés : c'était l'âge des parents de Clinton lorsqu'ils se sont connus. Sous le stress, Bill Clinton avait sans le savoir régressé vers le précédent proposé par son couple intérieur.

QUESTIONS

Comment avez-vous fait face au stress généré par l'obligation d'avoir à finir le test de sélection en dix minutes ? Et les exercices ?

Avez-vous laissé tomber, essayé de finir dans les temps, dépassé le temps imparti en vous sentant coupable ? Vous êtes-vous énervé ou senti obligé de faire les choses bien ?

Avez-vous fait quelque chose pour vous distraire du test ?

Au fur et à mesure des exercices, vous êtes-

1. J. D. Levin, *The Clinton Syndrome. The President and the Self-Destructive Nature of Sexual Addictions*, New York, Prima Publishing, 1998.

vous senti plus intéressé, exaspéré, fatigué ou stimulé ? Avez-vous sauté certains exercices ?

Lequel de vos parents aurait réagi ainsi sous l'effet du stress ?

Comment trouver son type

Il m'apparaissait de plus en plus clairement que les personnalités enregistrées n'étaient pas liées au sexe et que les réactions au stress étaient quant à elles liées aux parents. *Les interactions entre adultes ne sont pas déterminées par la relation parent-enfant pendant l'enfance, mais par l'exemple donné par la relation parentale.* Ces intuitions ont formé la base du système psychogénétique de thérapie de couple.

Les relations amoureuses adultes dépendent beaucoup des parents. En effet, l'un de nos parents continue de choisir notre partenaire. Il nous faut donc trouver le moyen de rassembler un choix plus large avant de tomber amoureux.

Jung affirmait que « ce qui est caché au plus profond de nous se manifestera sous la forme du destin ». Il n'y a qu'un seul moyen de comprendre ce qui est enfoui tout au fond de nous : trouver le destin qui s'est déjà manifesté dans nos *autres* relations.

EXERCICE

1. Sur la roue des relations (voir *schéma*), inscrivez votre nom à l'intérieur du cercle du milieu puis inscrivez dans les cercles autour, en ordre chronologique, le nom de tous les partenaires que vous avez eus. Notez-les du signe plus (+) ou moins (–).

2. Inscrivez plusieurs traits de la personnalité ou du comportement de chacun dans leurs cercles respectifs. Notez aussi leurs caractéristiques physiques.

3. Pour chaque partenaire, notez s'il ressemblait plus à votre mère ou à votre père en plaçant un « M » ou un « P » dans chaque cercle.

4. Mettez les initiales de l'autre parent à l'intérieur du cercle de votre moi.

5. Pour chaque relation, quel parent forme l'adulte intérieur caché en vous ?

Exercice :
Réfléchissez
à vos relations passées

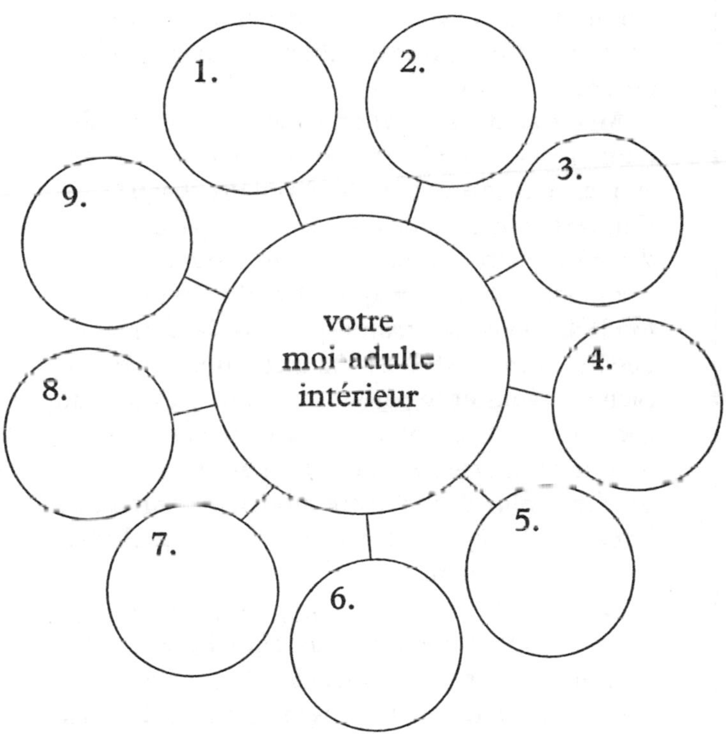

La roue des relations

EXPLICATIONS

Si tous vos partenaires étaient comme l'un de vos parents, vous avez trouvé votre *type*. Vous remarquerez peut-être que vos partenaires intérieurs alternaient entre votre mère et votre père. Si vous faisiez passer votre modèle d'adulte d'un parent à l'autre, vous trouverez alors deux types de partenaires, qui ressembleront chacun à l'un ou l'autre de vos parents.

Même si, d'une relation à l'autre, vous passiez d'un modèle d'adulte intérieur à l'autre, le parent auquel vous ressembliez le plus dans chaque relation reste votre modèle d'adulte intérieur. Votre *destin* est d'être comme ce parent. Souvenez-vous des mots de Jung : ce qui est caché au plus profond de vous se manifeste sous la forme du destin. Votre destin est l'adulte intérieur qui se cache en vous et le parent que vous êtes devenu dans votre couple intérieur. L'autre parent, celui dont le comportement de votre partenaire se rapproche le plus, forme votre modèle de partenaire intérieur, le type de partenaire vers lequel vous êtes toujours attiré.

Dès lors que vous avez compris quel(s) type(s) de partenaire intérieur vous choisissez inconsciemment, vous pouvez décider de changer votre destin en modifiant la programmation de votre adulte intérieur, au lieu de vouloir changer votre partenaire intérieur.

CHAPITRE V

La raison

Les raisons de nos choix et de nos rejets

La série de tours et détours, chemins et obstacles, portails et barrières que doit emprunter, franchir ou contourner une relation pour que deux personnes se rencontrent, se marient et restent ensemble est proprement incroyable. Les gens croient souvent qu'ils sont rejetés parce qu'ils ne sont pas assez bien alors qu'en réalité c'est sans doute parce qu'ils l'étaient trop que leur relation a échoué. Nous avons à tort pensé que les plus beaux, les plus riches, les plus intelligents ou les plus gentils ont davantage de chances d'être choisis comme partenaires parce que ces caractéristiques sont censées être universellement plus désirables. Votre conscient préfère sans doute ces qualités à d'autres, mais ce n'est pas de lui que dépend le choix.

Les gens choisissent ou rejettent un partenaire en fonction de la ressemblance que celui-ci offre avec leur modèle de partenaire intérieur et de son potentiel à recréer le couple intérieur. Souvenez-vous que les contraires s'attirent seulement si leurs parents étaient eux-mêmes des « contraires ». Si les parents se ressemblaient, alors deux personnes qui se ressemblent seront attirées l'une par l'autre.

Observons maintenant le cas de ceux dont la relation a échoué parce que leur histoire *ne pouvait pas* se répéter l'un avec l'autre. Leur subconscient le savait, même si leur conscient l'ignorait.

QUE PEUT-ELLE AVOIR QUE JE N'AI PAS ?

Telle était la question que se posait Barbara, celle aussi que se posent bien des âmes seules. La réponse était bien sûr que Barbara était rejetée parce qu'elle était trop jolie. Souvent, les qualités soi-disant positives d'une personne ne correspondent pas à l'image du partenaire intérieur que peut se faire l'autre. « Barbara est bien trop jolie pour moi, déclara Denis à ses amis. Je ne sais pas très bien pourquoi, mais je ne me sens pas à ma place quand je suis avec elle. »

Étant donné nos systèmes de pensée actuels, il était difficile pour ce ravissant mannequin de dix-neuf ans de comprendre pourquoi Denis l'avait quittée pour une jeune femme tranquille et plutôt quelconque, rencontrée dans une librairie. « C'était écrit, lui dit Denis. Nous sommes trop différents. Cela n'aurait pas marché avec toi de toute façon. » Barbara n'arrivait pas à saisir ce qu'il voulait dire par là.

Denis vint passer le test de sélection à la demande de Barbara. J'étudiai la programmation de son couple intérieur. Nous tenions la réponse : Barbara avait été rejetée parce qu'elle ne correspondait pas au modèle de partenaire intérieur de Denis. « Ma mère n'était pas jolie, mais elle était la plus belle femme que j'aie jamais vu. Mon père avait de la chance. Ils allaient ensemble comme les deux doigts de la main... ils se ressemblaient tant ! Je veux une femme comme ma mère. Mes parents formaient le couple le plus heureux qu'il m'ait été donné de voir. »

CE N'EST PAS MOI

En regardant le test de sélection de Joseph, je vis tout de suite que Sarah et lui n'étaient pas faits pour s'entendre. J'expliquai à Sarah quels étaient les problèmes. Joseph était issu d'un couple de parents contraires, mais pas elle. Le test du jeune homme laissait apparaître que sa mère était douce, alors que son père et son beau-père étaient des personnalités difficiles. D'ailleurs, Joseph lui-même me raconta qu'aucun des membres de la famille de sa mère n'avait été capable de supporter les deux maris de celle-ci. Sa mère formait son modèle d'adulte intérieur et il choisissait inconsciemment le même type de partenaire à problèmes qu'elle. Même s'il n'appréciait pas leur comportement, Joseph se sentait naturellement plus d'affinités avec les femmes difficiles, ou alors il devenait lui-même difficile avec les femmes au caractère doux afin de les amener à se montrer tolérantes avec lui, tout comme sa mère l'était avec ses partenaires.

« Je comprends maintenant pourquoi je me sens si tendue et irritable lorsque je suis avec Joseph, me dit Sarah. Il était très attentionné quand nous nous sommes rencontrés et cela m'a plu. Lorsque nous sommes loin l'un de l'autre ou au téléphone, nous nous entendons bien, mais depuis un certain temps quelque chose d'étrange se produit lorsque nous sommes ensemble. Sa présence fait ressortir ce qu'il y a de pire en moi.

» Je commence à voir à quel jeu de chaises musicales nous jouons. Je n'aime pas me comporter ainsi. Ce n'est pas moi. Mais si l'on se fie au modèle de couple intérieur de Joseph, seul l'un de nous deux peut se montrer tolérant comme sa mère, et c'est lui qui gagne. Il ne me reste qu'un seul rôle, celui de la personnalité difficile, et je n'en veux pas ! Mes parents étaient tous les deux des gens tranquilles, originaires d'une petite ville. Et je leur ressemble. Mon adulte intérieur veut une relation calme d'un côté comme de l'autre. Mes parents sont très semblables l'un à l'autre. Ils sont tous les deux faciles à vivre, tant dans l'action que dans la réaction. Ils forment mon couple intérieur et je les préfère de loin au couple intérieur de Joseph. Je me dis qu'il ne peut y avoir que des problèmes si je reste avec Joseph. »

De manière assez surprenante, Joseph fut parfaitement d'accord avec cette analyse : « Je voudrais bien aussi arrêter de me comporter ainsi. Je ne peux pas vous dire combien de fois, avant Sarah, je me suis retrouvé dans ce schéma idiot et rien n'en est jamais sorti. »

EXERCICE

Nommez trois mesures que vous pourriez prendre pour améliorer votre relation.

Nommez trois mesures que vous souhaiteriez que votre partenaire prenne pour améliorer votre relation.

Nommez trois actions que votre partenaire attend de vous.

Seraient-elles identiques à celles que vos parents auraient attendues l'un de l'autre ?

Pourquoi les chouettes filles se font toujours piétiner

Priscille commençait à peine à modifier son modèle relationnel négatif quand elle fit la connaissance de Luc à une fête.

« Je n'osais approcher aucun des hommes qui se trouvaient là parce que je n'étais pas encore assez sûre de moi pour me sentir attirée par quelqu'un d'un type différent, mais Luc avait l'air sincère et honnête, il ne ressemblait pas à tous ces beaux parleurs avec qui j'étais sortie jusqu'ici. Au début, nous étions fous l'un de l'autre, mais ça n'a pas duré de son côté. À partir du moment où nous avons couché ensemble, il s'est mis brusquement à déborder d'activités et je ne le voyais que si je lui téléphonais. Je me disais qu'il devait être timide, alors je l'appelais. Mais je n'ai pas aimé d'avoir à courir après un homme. Je me suis vite lassée d'être celle qui insistait. D'habitude, c'était moi qui était poursuivie par des hommes insistants. Ce rôle de rentre-dedans était nouveau pour moi. J'avais besoin que Luc me rassure davantage.

» À la différence de mes précédents partenaires, Luc ne parlait jamais de ce qu'il ressentait quand il était avec moi et il ne disait pas qu'il avait envie de me voir plus que moi. Il n'était pas froid, juste en retrait. Je n'arrivais pas à comprendre ce qui se passait. En faisant le test de sélection, je me suis rendu compte que dans toutes mes relations passées mon père, qui était un intello tranquille, avait toujours été mon modèle d'adulte intérieur alors que ma mère, une personnalité extravertie à la recherche de l'attention de son entourage, était mon modèle de partenaire intérieur. Du moins jusqu'à maintenant. J'avais fait un échange de modèles. Luc avait un comportement plus proche de celui de mon père et moi je réagissais comme ma mère pour la première fois de ma vie. Ça ne m'a pas plu du tout. J'avais envie qu'il soit plus insistant, même si j'en avais assez des hommes exigeants et possessifs. »

Priscille poursuivit : « Je me souviens de ma surprise en entendant des amis me raconter que l'ex-femme de Luc l'avait quitté pour ensuite dire du mal de lui à droite et à gauche. J'avais du mal à croire que l'on puisse en vouloir tellement à un type aussi gentil et timide que lui. Il m'avait toujours paru être quelqu'un d'honorable. La dernière fois que je l'ai vu, il m'a dit que son "ex" voulait qu'il revienne et qu'il se sentait coupable de ne pas en avoir envie. Ça ne semblait pas avoir de sens à l'époque, mais ça me paraît clair maintenant. C'est sûrement une femme exigeante comme ma mère l'était avec mon père, et lui était le partenaire compréhensif et coulant que mon père était. »

Elle comprenait enfin quel modèle de couple intérieur l'avait influencée.

Priscille se souvint que, lorsqu'ils se voyaient encore, Luc lui avait parlé de deux autres petites amies qu'il avait eues pendant un long moment. C'était deux peaux de vache qui le faisaient tourner en bourrique. Et elles l'avaient quitté comme son ex-femme. En entendant cela, Priscille avait eu envie d'être plus indulgente à son égard et non plus exigeante.

« Luc a aussi évoqué le sale caractère de sa sœur. C'était un indice. Je n'ai pas réfléchi que c'était le signe que sa sœur était semblable à l'un de ses parents et lui à l'autre. Je ne peux que faire des suppositions quant à la nature des relations de ses parents quand il était enfant, mais je pense que cela ressemblait à ce qui se passait chez les miens. L'un des deux était sans doute du genre rentre-dedans et l'autre devait être plutôt effacé. »

On est aveugle quand on est amoureux, mais on ne l'est plus quand on réfléchit après coup, n'est-ce pas ? Maintenant que Luc l'avait quittée, Priscille était capable d'envisager leur relation deux fois plus clairement qu'avant. Il semblait bien que Luc avait en lui son ancien modèle de couple intérieur à elle. Ces deux-là se correspondaient certes, mais à l'envers. Sans qu'elle s'en rende compte, le calme Luc avait rappelé à Priscille son père et il avait provoqué chez elle un comportement agressif proche de celui de sa mère.

« J'aurais dû me conduire comme une garce si j'avais voulu garder Luc », dit Priscille. Et elle avait raison. Luc avait été programmé pour se lier à une partenaire égoïste et agressive. Avant sa thérapie, Priscille était toujours attirée par ce type d'homme mais rompait dès qu'ils exigeaient qu'elle leur consacre trop de temps. « C'est sans doute ce que Luc commençait à ressentir avec moi. J'ai arrêté de l'appeler parce que je me suis rendu compte que je n'aimais pas que l'on monopolise mon temps comme cela, me dit-elle rétrospectivement. Quand je me suis mise de nouveau à me rapprocher de mon modèle paternel, Luc et moi nous ressemblions trop. »

Exactement. Puisque les parents de chacun étaient des « contraires », ils ne pouvaient ni l'un ni l'autre se retrouver avec un partenaire « semblable » : cela ne correspondait pas à leur modèle de couple intérieur. Luc n'aurait pas quitté Priscille si elle était restée du côté de sa mère. On pourrait dire que Priscille avait laissé tomber Luc en acceptant sa froideur comme son père avait accepté tout ce que sa mère lui avait fait subir. La mère de Priscille n'aurait pas accepté en silence le manque d'égards de Luc.

« Je n'ai pas l'intention de passer d'un modèle d'adulte intérieur à l'autre. Je préfère rester seule que de me transformer en garce. Je veux totalement modifier mon couple intérieur et non pas aller d'un extrême à l'autre. »

L'attirance que Priscille ressentait pour Luc démontrait qu'elle était encore attirée par quelqu'un porteur de son vieux modèle de couple, même si elle voulait s'en libérer. « Je n'ai jamais voulu être avec quelqu'un d'exigeant, et je n'ai certainement pas envie d'être celle qui exige, comme je l'ai été avec Luc. »

Priscille entrevoyait enfin quelles étaient les subtilités de la psychogénétique, même si elle ne s'était pas encore tout à fait libérée de ce qui la liait à son ancien modèle. Nous n'avions jamais fait passer de test à Luc. Je n'avais pu que supposer qu'il avait été lui aussi préconditionné à renfermer le même couple de contraires.

« Alors, j'ai gâché notre relation en prenant sur moi ? » me demanda-t-elle. En un sens oui, Priscille avait déçu Luc. Parce qu'elle avait été si directe quand ils s'étaient rencontrés, il s'était sans doute dit qu'elle pourrait être la partenaire agressive et exigeante dont il avait besoin pour satisfaire son modèle de couple intérieur, celle qui lui aurait dit quoi faire et où descendre.

Priscille ajouta : « Je comprends enfin pourquoi mon « ex », qui passait son temps à fulminer contre moi, se montre si doux avec sa nouvelle femme. Il est sans doute passé d'un parent à l'autre au lieu de modifier son modèle de couple intérieur. C'est au tour de sa femme de lui aboyer dessus comme il le faisait avec moi quand nous étions mariés. Ça me réjouit. La vengeance est délicieuse. On pourrait dire qu'elle est lui avec lui et qu'il est moi avec elle. Tout cela me semble limpide. »

L'histoire bégaye

Que ce soit inné ou acquis, vous, tout comme Priscille, Luc et les autres, répétez non seulement les problèmes non résolus de vos parents, mais aussi la manière dont ils n'ont pas réussi à y faire face. Bien sûr, vos parents ne faisaient eux-mêmes que répéter les suggestions post-hypnotiques qui avaient été implantées pendant leur propre enfance. Ils sont devenus comme leur père et leur mère et vous êtes devenus comme les vôtres. Vos parents constituaient votre principal modèle pour l'âge adulte. Vous ne les connaissiez pas en dehors de leur rôle.

Dans le test de sélection, il vous a été demandé dans les deux sections « adulte » (2 et 3) de décrire vos parents comme les adultes qu'ils étaient, et dans les deux sections « parent » (4 et 5) de les décrire en tant que parents. Pour la plupart d'entre vous, il n'a pas été facile de différencier les deux descriptions. Enfants, vous ne sépariez pas consciemment leurs personnalité et comportement entre ces deux catégories. Vous les viviez comme une seule et unique.

Dans la mesure où vous n'étiez pas encore adulte à l'époque, vous auriez eu du mal à comprendre pendant votre enfance comment étaient vos parents dans leurs relations d'adulte avec leur conjoint (section 8). Il vous était peut-être déjà difficile d'appréhender le rôle de parent qu'ils avaient avec vous. Si pendant l'enfance le traumatisme, l'abus, la violence ou l'abandon occupaient déjà tout le champ de votre conscient, vous étiez particulièrement sensible à leur modèle de couple intérieur : vous l'avez absorbé dans votre inconscient et il est probable que vous suivez encore ses directives.

C'est pourquoi un vrai choix conscient est impossible tant que l'adulte et le partenaire intérieurs programmés demeurent cachés au fond de votre inconscient. Les livres qui affirment que l'on épouse le parent envers lequel on ressent le plus de besoins insatisfaits passent à côté de la vérité, qui est aussi subtile que forte : ce n'est pas le comportement de votre mère ou de votre père à votre égard quand vous étiez enfant qui détermine qui vous épousez. C'est le comportement qu'ils avaient l'un envers l'autre.

La relation de vos parents non seulement décide de la personne que vous choisissez, mais aussi de celle que vous devenez au fur et à mesure que vous progressez dans votre propre relation. La graine d'adulte intérieur qui fut plantée il y a longtemps pendant votre enfance fleurira à l'âge adulte et se chargera de faire la sélection à votre place. Nous aimons à croire que nous sommes à l'origine de nos choix. Mais, dès la première rencontre, certaines conditions et caractéristiques prédéterminées doivent être remplies pour que l'adulte intérieur qui émerge alors autorise la nouvelle relation à se déployer avec un partenaire potentiel. Faute de quoi la relation « meurt sur pied ».

QUESTIONS

Ce partenaire potentiel ressemble-t-il d'une manière ou d'une autre à l'un de vos parents ? A-t-il la même couleur d'yeux ? De cheveux ? La même stature ? Timbre de voix ? Personnalité ? Comportement ? Postures ? Nationalité ? Accent ? Profession ? Passions ? Prénom ? Manies ? Réactions au stress ? Talents ? Faiblesses ou défauts ? etc.

Ressemblez-vous à votre autre parent ?

L'enfant adulte d'un drogué ou d'un alcoolique

« Ma mère était froide, critique et méchante, racontait Tom. Quoi qu'on fasse pour essayer de la satisfaire, elle nous rendait fous, mon père et moi. » Enfant, Tom aurait voulu que son père codépendant, qui formait son modèle d'adulte, résolve le problème de drogue de sa mère. L'enfant intérieur en Tom continuait d'éprouver le besoin non satisfait de soigner sa mère. La programmation de son adulte intérieur l'amenait à ne choisir que des femmes qui ressemblaient à sa mère, avec des résultats tous plus désastreux les uns que les autres. Elles étaient toutes droguées ou alcooliques. Son adulte intérieur recréait automatiquement la situation d'origine sans réussir jamais à trouver la solution. Cela constituait à coup sûr le conflit intérieur sous-jacent entre son enfant intérieur et son adulte intérieur et expliquait les relations toutes négatives dans lesquelles il s'était à chaque fois fourvoyé.

Enfant adulte d'une mère droguée et d'un père qui donnait à sa femme les moyens de se droguer, Tom était l'exemple même de l'enfant pris au piège d'une situation qui le dépasse. Aucun enfant ne peut trouver la solution aux problèmes de son père ou de sa mère, quel que soit le mal qu'il se donne. « Je n'avais qu'une envie : me tirer le plus vite possible », déclara Tom. Il s'enfuit à seize ans, déterminé à se faire une vie meilleure que celle qu'il avait à la maison. Il y réussit jusqu'à ce qu'il épouse une femme qui ressemblait beaucoup à sa mère.

John Bradshaw, auteur de *Secrets de famille*, de

Retrouver l'enfant en soi et d'autres livres sur l'enfant intérieur, a beaucoup écrit ces dernières années au sujet des influences négatives des parents alcooliques, drogués ou abusifs sur la vie de leurs enfants. Il affirme qu'une fois adultes les enfants d'alcooliques choisiront généralement un partenaire semblable à l'un de leurs parents. Bradshaw nomme cela « la transe familiale ». Il est clair que la transe expliquait pourquoi Tom choisissait des femmes semblables à sa mère, qui avait été incapable de lui donner, pas plus qu'à son père, le moindre amour ou affection. Jusqu'ici, c'était demeuré incompréhensible.

La question que je m'étais posée face à Lise refaisait surface, mais j'étais cette fois en mesure d'y répondre et de dire à Tom pourquoi il reproduisait la même situation. La réponse se trouvait dans son test de sélection. Cependant, ce n'était pas son enfant intérieur qui choisissait à chaque fois des partenaires à l'image de cette mère qu'il voulait fuir à tout prix. C'était son moi-adulte intérieur, programmé pour choisir une partenaire ressemblant à celle que son père – son modèle d'adulte – avait choisie. Peu importait que ce choix ait été bon pour son père ou ne le soit pour lui !

Ce qui s'était répété inconsciemment, ce n'était pas seulement le choix de partenaire tel que l'avait fait le parent qui constituait le modèle d'adulte intérieur de Tom, mais aussi les besoins non satisfaits de son modèle d'adulte à l'égard de son partenaire. L'adulte comme l'enfant intérieurs de Tom éprouvaient le même besoin insatisfait : aider leur parent-partenaire intérieur. Pour cette raison, les directives inconscientes qui enjoignaient Tom de choisir, comme son père en son temps, une partenaire dépendante à la drogue ou à l'alcool étaient deux fois plus impérieuses.

EXERCICE

Reprenez votre test de sélection. La relation de couple entre votre adulte intérieur et votre partenaire intérieur (section 8) est-elle marquée du signe moins (–) ?

La relation parent-enfant entre votre partenaire intérieur et votre enfant intérieur (sections 6 ou 7) est-elle aussi marquée du signe moins (–), comme celle de Tom ?

La relation entre votre adulte intérieur et votre enfant intérieur (sections 6 ou 7) est-elle marquée du signe plus (+) ou d'un moins (–) ?

Réparer le passé

Je cherchais le moyen pour Tom de se libérer de l'épouvantable relation qui avait lié ses parents. Il était trop tard pour changer son enfance. Mais après tout, peut-être que non... Le besoin inassouvi qu'éprouvait Tom de ne pas avoir sauvé sa mère était celui de son adulte intérieur, parce que son enfant intérieur, lui, avait voulu que ce soit son père passif, qui était aussi son modèle d'adulte, qui la sauve. En réalité, le problème devait être traité comme une question liée à une relation d'adulte à adulte et non pas de parent à enfant, dans la mesure où l'enfant n'avait jamais eu à assumer un rôle de parent responsable à son propre égard. C'était à son père de protéger son fils de la cruauté et de la négligence de sa mère. Que ce serait-il passé si le père de Tom n'avait pas été prisonnier de sa propre passivité ? Tom se serait-il comporté de manière différente avec ses partenaires ? N'avait-il pas copié dans ses propres relations l'attitude de codépendance de son père qui formait son modèle d'adulte ?

« Mais mon père n'a jamais abandonné ma mère », dit Tom avec fierté, me donnant un aperçu de la loyauté qu'il avait inconsciemment absorbée en observant le comportement de son père. Pourtant, cette affirmation semblait en contradiction directe avec la phrase suivante : « Simplement, nous faisions tout ce qu'exigeait ma mère lorsqu'elle planait. C'était triste, mais j'étais incapable de quoi que ce soit d'autre à l'époque. Et le pire, c'est que j'ai fait exactement la même chose avec l'une de mes femmes et deux de mes petites amies depuis. Quelque chose m'envahit et j'accepte qu'elles abusent de drogue ou de moi, tout en priant et en espérant que cela cesse. Mais cela ne cesse jamais jusqu'à ce que, par chance, elles me quittent. »

Tom était seul maintenant. Je ne voulais pas qu'il choisisse l'une de ces femmes dont il avait l'habitude. Il devait y avoir un moyen pour lutter contre la passivité de son adulte intérieur, qui s'était gravée en lui. Il n'avait pas à faire une croix sur le besoin qu'avait son enfant intérieur de voir son père adopter un autre comportement avec sa mère ; il lui fallait accepter le fait que ce père, qui lui servait de modèle, avait été, par manque de courage ou de par sa programmation, incapable d'agir autrement.

Je demandai à Tom si, enfant, il avait jamais souhaité que son père fasse front devant sa mère. « Bien sûr que si ! » s'écria-t-il. Je lui demandai ce qu'alors il aurait aimé que son père fasse différemment. Je lui fis écrire un nouveau scénario de manière à ce que nous puissions jouer la relation entre ses parents sous la forme de monodrames, d'abord telle que celle-ci avait été, puis telle qu'il aurait voulu qu'elle soit.

« Si votre père avait cessé d'être un facilitateur pour votre mère et lui avait demandé de répondre de ses actes, il l'aurait peut-être amenée à entamer une cure de désintoxication et les choses auraient été différentes à la maison, dis-je à Tom. Vous n'auriez alors peut-être pas répété l'attitude de votre père en acceptant tout ce que faisaient vos partenaires. Vous n'auriez pas été pétri de sa passivité dès l'origine. Votre modèle d'adulte aurait été quelqu'un capable de s'affirmer. Vous auriez transposé le comportement inédit de votre père dans vos propres relations de couple et vos petites amies ne vous auraient sans doute pas autant maltraité et négligé. »

Le regard de Tom s'éclaira : « D'ailleurs, je n'aurais probablement même pas choisi ce type de femme ! »

L'idée était excitante. Nous commençâmes à imaginer et à jouer à nouveau différentes scènes de la vie des parents de Tom autrefois. Et si nous avions fini par trouver là le moyen de corriger l'histoire plutôt que de la voir se répéter ?

QUESTIONS

Qu'aimez-vous chez votre partenaire ?
Qu'est-ce qui vous déplaît en lui (elle) ?
Que voudriez-vous changer chez lui (elle) ?
Qu'est-ce que votre partenaire aime en vous ?
Qu'est-ce qu'il (elle) n'aime pas ?
Que voudrait-il (elle) changer en vous ?
Qu'est-ce que votre mère aimait chez votre père ?
Qu'est-ce que votre père aimait chez votre mère ?
Qu'est-ce qui déplaisait à votre mère chez votre père ?
Qu'est-ce qui déplaisait à votre père chez votre mère ?
Qu'est-ce que vos parents auraient aimé changer chez l'un et chez l'autre ?

De retour au port

Lorraine venait de quitter Michel, son dernier amant en date, après deux ans de vie commune. Elle raconte :

« Je suis partie de chez moi pour échapper aux critiques de ma mère et je cherche encore à m'en libérer. Si je réfléchis aux quatre histoires que j'ai eues, j'ai toujours choisi un partenaire qui me critiquait. Michel ressemblait en tous points à ma mère. Ils sont pareils.

» J'ai passé dix ans en thérapie à travailler sur les

besoins de mon enfant intérieur que ma mère n'avait pas satisfaits. Et voilà que vous me dites que je choisis des partenaires qui lui ressemblent, non parce qu'elle me maltraitait mais parce que je suis plus proche de mon père que d'elle dans mes relations d'adulte et qu'il avait choisi une femme abusive. Ma mère a donc toujours représenté mon modèle de partenaire intérieur et je l'ignorais. Aussi, depuis le début, j'aurais dû chercher à modifier les souvenirs que j'avais de mon père pour éviter de choisir à chaque fois le même genre de partenaire agressif que lui. Dès que nous habitions ensemble, tous mes petits amis se comportaient avec moi de la même façon qu'elle : ils m'insultaient et me critiquaient. »

Lorraine m'expliqua que son pauvre père passait sa vie à s'excuser auprès de sa mère : « Elle était vraiment méchante avec nous. D'ailleurs, elle me battait parce que je ne voulais pas m'excuser comme mon père. Je n'éprouvais aucun respect pour lui du fait de son comportement, mais j'ai agi exactement de la même manière avec Michel, pour avoir la paix. Peut-être est-ce la raison pour laquelle mon père s'excusait aussi. J'imagine qu'à partir de maintenant je devrai choisir un partenaire qui ressemble davantage à mon père. »

Pas tout à fait. En faisant cela maintenant, Lorraine deviendrait comme sa mère et maltraiterait son nouveau partenaire. Ce qu'il fallait d'abord, c'était modifier son modèle de couple intérieur.

Que faites-vous quand vous ne savez pas quoi faire ?

L'enfant a deux grandes peurs : le peur de tomber et la peur des bruits violents. On attend des parents qu'ils protègent, nourrissent, soutiennent et élèvent leurs enfants dans un environnement sûr pendant leurs premières années. Malheureusement, c'est à la maison que de nombreux enfants voient et entendent les choses les plus effrayantes. Les parents qui se traitent mal ou qui brutalisent leur progéniture laissent l'empreinte de terreurs que l'enfant conservera tout au long de sa vie et qui referont surface quand il deviendra à son tour parent. C'est là un sujet délicat, sur lequel je reviendrai dans un prochain livre.

Je veux traiter ici essentiellement des effets qu'ont des parents qui se querellent sur l'image du couple intérieur qui s'imprime en soi pendant l'enfance. La mauvaise relation qui règne entre papa et maman est génératrice de souffrance, de terreur et de bruit pour eux, mais aussi pour vous. Le jeune enfant grandit souvent dans une zone de guerre. L'exemple donné par les parents implante l'idée première que les disputes incessantes constituent la base de ce que devraient être les relations entre adultes. Votre adulte intérieur enregistre que l'amour est synonyme de terreur, de rage, de négligence, etc. Quand vous commencez vous-même votre processus amoureux, l'attraction qu'exerce cette ancienne suggestion post-hypnotique vous oblige à agir exactement de la même manière à l'âge adulte que votre modèle d'adulte intérieur se comportait à l'égard du parent qui forme votre modèle de partenaire intérieur.

Le cycle des abus tend à se répéter sous le stress parce que ces comportements sont reproduits sur un mode automatique. Peu importe si, consciemment, vous ne voulez pas agir comme eux, vous êtes conditionné à faire ce que vous savez faire. Souvenez-vous que la plus grande peur de l'adulte, c'est celle de l'inconnu. Même si d'un point de vue conscient vous vouliez faire face à une situation stressante de manière différente, sous le stress, votre inconscient produit une image qui vous est familière : elle vous montre comment le parent qui est votre modèle d'adulte intérieur s'était comporté dans une situation identique. Vous régressez alors jusqu'à cette réaction programmée, venue de vos parents. C'est l'appel de ce qui est familier. Sous la pression, même envisager de faire autre chose que ce qu'ils ont fait s'avère difficile. Votre conscient ne contrôle plus le comportement de votre adulte intérieur. Sous le stress, c'est le parent qui vous sert de modèle d'adulte qui prend le relais. C'est du conditionnement. Et rappelez-vous que tout changement important dans votre vie constitue un stress.

Cette réaction familière au stress ne cesse de vous empêcher d'agir autrement que votre modèle d'adulte autrefois. Le stress vous prive de vos moyens parce que votre inconscient n'a aucune autre réponse ou solution programmée à proposer : vous êtes alors incapable de penser clairement ou rationnellement et, pour échapper à l'angoisse de ne pas savoir quoi faire, vous avez vite recours aux comportements enregistrés appris de vos parents.

LES SOURCES DE STRESS
LES PLUS COURANTES

– La colère, la solitude, l'ennui, l'incompréhension, la précipitation, l'amour, la timidité, la passion.

– La mort d'une personne aimée, la maladie (la sienne ou celle d'un proche).

– L'ivresse, un licenciement ou une embauche, un mariage ou un divorce.

– Un déménagement (appartement ou bureau).

– Un changement de niveau de vie, en mieux ou en moins bien, seul ou en couple.

– Le sentiment d'être dépassé par les événements, submergé par le boulot, la tristesse, la fatigue, la tension ou la peur.

– Les problèmes liés au sexe, à l'argent, ou les problèmes relationnels.

Quand bien même les parents qui vous ont servi de modèle d'adulte se conduisaient mal, soit envers vous, soit l'un envers l'autre, leur comportement vous a fourni des outils familiers pour faire face aux situations nouvelles ou stressantes. Sous le stress, vous agissez comme eux, même s'ils vous ont dit de ne pas répéter leurs erreurs, et même si vous vous êtes promis de ne jamais leur ressembler.

Leur comportement constitue la seule solution au stress que vous ayez apprise inconsciemment. Réagir comme *eux* l'auraient fait est un réflexe conditionné. Le cycle des abus provient des modèles négatifs qui ont été les vôtres. Si vous aviez bénéficié à la place de deux modèles positifs et d'une image positive de couple intérieur, le cycle du bonheur se serait automatiquement répété dans votre vie. D'une façon ou d'une autre, sous le stress, le modèle du couple intérieur parental refera surface dans vos relations et affectera votre manière d'être.

Le pouvoir des précédents émotionnels

Ainsi, nous régressons tous sous le stress. La régression implique un retour vers un état d'esprit et des comportements d'autrefois, et le plus souvent vers des comportements qui étaient familiers pendant l'enfance. Le stress produit un transfert et fait surgir des réactions dont l'origine se trouve à une autre époque, avec une autre personne qui est le plus souvent un parent modèle de l'enfance.

Les personnes soumises au stress ne voient ni n'entendent leur partenaire. Elles réagissent de la même manière que le parent formant leur adulte intérieur avait réagi dans des occasions similaires et elles traitent leur partenaire de la même manière que leur modèle traitait leur parent-partenaire intérieur. Toutes leurs réactions au stress s'appuieront sur une réalité de leur petite enfance qui fut forgée dans leur famille d'origine. L'empreinte du modèle d'adulte intérieur continue de former la réponse qui surgit en premier simplement parce qu'elle est la seule réaction au stress enregistrée qui ait été conservée dans la mémoire inconsciente.

Il convient de souligner ici plusieurs points.

Les précédents émotionnels identifient ce vers quoi et

vers qui nous régressons. Ce que nous en sommes venus à identifier comme notre couple intérieur refera surface lorsque se produira un stress lié à une relation. Ce qui nous viendra alors à l'esprit, c'est un dialogue identique à celui qui avait lieu entre nos parents, avec ses signaux et ses réponses déjà programmées, ses premiers schémas d'interaction émotionnels et des attentes envers soi-même et les autres apprises de ceux qui formaient nos modèles. Cela s'appelle un précédent émotionnel.

Les modèles réactionnels hérités de l'enfance ne constituent pas notre deuxième nature, mais la première. Ils nous viennent naturellement, de manière automatique, sans que nous ayons à réfléchir ou à décider de ce que nous allons dire ou faire. Bien que ce soit familier, ce n'est pas pour autant confortable.

Nous avons tendance à répéter des comportements connus plutôt que de les transformer en des comportements nouveaux, quand bien même ces derniers seraient plus confortables. Souvent, ce qui est connu est très inconfortable, douloureux, insatisfaisant ou problématique. Aussi peut-on se demander pourquoi nous voudrions poursuivre dans cette voie. Parce que nous sommes en transe. Les exemples répétitifs donnés par nos parents ont toutes les propriétés des suggestions post-hypnotiques. Ils sont les seules réponses comportementales à avoir été stockées dans notre mémoire inconsciente. Sous le stress, nous régressons vers ce qui est connu ; or, ce qui nous est le plus connu, c'est ce que nous avons appris au travers de l'exemple répétitif de nos parents pendant notre enfance.

La psychogénétique affirme qu'il est nécessaire d'établir des précédents émotionnels nouveaux et positifs dans la programmation de notre couple intérieur pour proposer une réaction inconsciente alternative. Afin d'éviter de réagir au stress en fournissant les mêmes réponses inefficaces que vos parents, vous devez programmer d'autres réponses positives dans votre mémoire inconsciente. Il est faux de penser qu'un sujet hypnotisé peut choisir d'éliminer des suggestions négatives inconscientes quand il est en transe. Le conscient ne contrôle rien dans ces moments-là.

Pour reprogrammer l'adulte intérieur, nous devons amener à la conscience le comportement enregistré avant que *la situation de stress ne réapparaisse, et mettre en place une solution alternative dans laquelle tous les participants de la famille d'origine ont un rôle émotionnel positif.* Ce nouveau résultat doit être intégré aux souvenirs d'enfance en amont de la situation de stimulus. Alors seulement nous pourrons mettre un terme aux comportements précédemment enregistrés et installer un exemple positif dont pourra s'inspirer la relation actuelle quand le même stress se présentera de nouveau au couple.

Il est nécessaire d'interpréter le rôle de chacun de vos parents pendant votre enfance pour pouvoir accéder à l'empreinte primitive du couple intérieur. Nous devons jouer leurs relations une fois telles qu'elles étaient et une autre fois telles que nous aurions aimé qu'elles fussent. Ces deux expériences sont nécessaires pour installer un nouveau modèle de stimulus-réponse.

QUESTIONS

Que faisait votre mère pendant votre enfance lorsqu'elle était stressée ?

Que faisait votre père quand votre mère était stressée ?

Que faisait votre père pendant votre enfance lorsqu'il était stressé ?

Que faisait votre mère quand votre père était stressé ?

Que faites-vous aujourd'hui quand vous êtes stressé(e) ?

Que fait votre partenaire quand vous êtes stressé(e) ? Comment réagissaient vos précédent(e)s partenaires ?

Que fait votre partenaire quand il (elle) est stressé(e) ? Que faisaient vos précédent(e)s partenaires ?

Que faites vous quand votre partenaire est stressé(e) ?

Que voudriez-vous que votre partenaire fasse ?

Qu'est-ce que votre partenaire voudrait que vous fassiez ?

Que voudriez-vous changer à votre comportement face au stress ?

Qu'auriez-vous aimé que votre mère change à son comportement quand elle était stressée pendant votre enfance ?

Qu'auriez-vous aimé que votre père change à son comportement quand il était stressé pendant votre enfance ?

En quoi seriez-vous différent(e) si vos parents avaient eu de meilleures réactions au stress à l'époque ?

En quoi vos enfants seront-ils différents si vous améliorez vos réactions face au stress aujourd'hui ?

Vous êtes un canard

Il suffit de voir une fois opérer un hypnotiseur sur une scène pour comprendre que les sujets hypnotisés ne sont pas dans leur état de conscience adulte normale et éveillée. Ils ont en général l'œil hagard tout en étant de toute évidence subjugués par la voix, le pendule ou le regard de celui qui les hypnotise. Ils semblent avoir perdu conscience de la présence d'autres personnes dans la pièce, ne répondant qu'aux ordres de l'hypnotiseur, auxquels ils obéissent facilement et sans effort.

Voici un exemple typique.

« Vous êtes un canard », dit l'hypnotiseur.

Sur la scène, la femme se met aussitôt à cancaner comme un canard, sans montrer aucune inhibition malgré le public qui la regarde. Elle ne réagit pas non plus aux rires qu'elle entend autour d'elle et ne subit aucun stress car, pendant qu'elle est en transe, son esprit conscient est endormi. Sous hypnose, elle a en quelque sorte régressé jusqu'à un état d'inconscience.

L'hypnotiseur lui affirme que lorsqu'elle se réveillera, une minute plus tard, elle se sentira détendue et en pleine forme parce que son esprit conscient aura oublié ce qui vient de se passer sur scène. Mais il implante aussi en elle une suggestion post-hypnotique en lui disant que, chaque fois qu'elle entendra le mot « canard » après être retournée à sa place, elle se mettra à cancaner. La suggestion l'obligera à continuer de faire « coin, coin » jusqu'à ce que l'hypnotiseur lui dise de s'arrêter.

« Est-ce bien compris ? demande l'hypnotiseur pendant qu'elle est encore en transe.

– Oui, répond le sujet.

– Maintenant, réveillez-vous », ordonne l'hypnotiseur, et la transe semble disparaître. Nous avons l'impression que le sujet est retourné à son état normal, mais il n'en est rien. Sans que son moi n'en ait conscience, la suggestion post-hypnotique gît latente dans son inconscient, attendant le stimulus.

« Comment c'était ? lui demandent ses amis dans le public, riant au souvenir de son cancanage qu'elle a totalement oublié.

– Très bien », répond-elle, parce que son conscient ne se souvient absolument pas de ce qui s'est passé lorsqu'elle était en transe sur la scène.

Cependant, cinq minutes plus tard, alors que l'hypnotiseur raconte une blague où il est question d'une chasse au canard, la femme est ramenée immédiatement à l'état inconscient et, sans qu'elle ait consciemment décidé de se comporter ainsi, se lève et se met à cancaner. Comme elle ignore tout de la suggestion post-hypnotique que l'homme a auparavant implantée en elle, elle est surprise par sa réaction et ne comprend pas pourquoi elle se conduit ainsi. Pourtant, en dépit du stress provoqué par le conflit entre son esprit conscient et inconscient, elle est incapable de s'arrêter. Le stress la fait au contraire régresser davantage. Très embarrassée par un comportement qu'elle ne peut de toute évidence pas contrôler, elle est en même temps incapable de l'expliquer et de ne pas répondre dès que le stimulus est répété. Ce n'est que lorsque l'hypnotiseur dit « stop » qu'elle réussit à s'asseoir et à se taire.

Ses amis lui expliquent qu'elle a été hypnotisée pour cancaner de cette manière, ce qui l'étonne beaucoup car son esprit conscient ne se souvient toujours pas de ce qui s'est déroulé sur la scène : il était endormi et n'a rien entendu de tout cela. Son inconscient est la seule part d'elle-même à avoir entendu l'ordre post-hypnotique. Son esprit conscient s'est réveillé quand elle a quitté la scène et a repris le contrôle jusqu'à ce que l'hypnotiseur prononce à nouveau le mot « canard ». À ce moment précis, son inconscient s'est emparé des commandes afin de produire la réponse programmée au stimulus.

L'ordre ayant été implanté dans l'inconscient du sujet, son esprit conscient ne maîtrisait pas ses réponses. Son corps était éveillé, mais son comportement était sous l'emprise de l'hypnotiseur. Le sujet hypnotisé ne dirige plus rien. Cette femme était incapable de se souvenir de l'induction, et encore moins de l'ordre qu'elle avait reçu de cancaner aussi bien la première que la deuxième fois. Et toutes les explications du monde se révéleraient inutiles. Son inconscient, ce géant endormi qui s'éveille la nuit et dans nos rêves – cet ordinateur qui maîtrise notre cœur et notre respiration –, dormait, plongé dans une transe, mis hors circuit ou sous l'emprise d'une autorité. En tout état de cause, il ne dirigeait plus l'être humain qu'il prétend contrôler.

Le conscient est le moins puissant des deux esprits, mais son ego est à n'en pas douter le plus arrogant. Lorsqu'on lui pose des questions auxquelles il ne sait pas répondre, l'ego dira souvent : « Ce n'est pas important », ou « J'ai oublié. » La raison de cet oubli est elle-même souvent oubliée, mais votre ego ne vous le dira pas. Il vous cache des secrets quand il ne veut plus que vous vous rappeliez le moment du stimulus. Le déni est le moyen dont « dispose » la conscience pour débarrasser la mémoire d'informations douloureuses, gênantes, ou que l'on préfère juste ignorer. Certains événements de l'enfance relèvent sans aucun doute de cette catégorie ; c'est pourquoi ils sont cachés au plus profond de l'inconscient où ils sont stockés.

Pour la plupart d'entre nous, nous n'avons pas conscience de la difficulté que nous avons à nous rappeler ce qui s'est passé pendant notre petite enfance, alors que c'est précisément à cette époque que s'est faite la majeure partie de notre programmation. Nous nous rappelons mieux les événements qui se sont produits après nos cinq ans qu'avant.

Aucun d'entre nous ne se souvient consciemment avoir appris à parler la même langue que ses parents et pourtant c'est bien ce qui s'est produit. Nous avons appris à marcher et à manger avec une cuiller comme eux. Nous avons appris ce qui comptait pour eux, pas ce qui comptait pour nous. Tous les exemples de notre enfance se sont enregistrés dans notre inconscient, sans que nous ne nous les remémorions consciemment parce qu'ils n'avaient rien de particulier. À cela s'ajoutent les nombreuses expériences que nous voulions oublier ou celles que nous ne comprenions pas. Nous nous souvenons de certains faits de notre enfance, mais vaguement. Nous ne nous rappelons pas du tout avoir appris ce qui a été hypnotisé en nous lorsque nous étions petits, quand bien même nous répétons souvent automatiquement ces comportements à l'âge adulte. Ils agissent comme des suggestions post-hypnotiques.

Les thérapeutes ont recours à l'hypnose pour les régressions dans le temps, ce qui signifie simplement que l'esprit de leurs patients en état de transe se concentre davantage sur le passé que sur le présent. Cette forme d'hypnose thérapeutique peut aider à retrouver non seulement des souvenirs perdus, mais aussi des suggestions post-hypnotiques de l'enfance. Comme vous le verrez, cela peut aussi servir à créer des précédents positifs.

Lorsque chacun déclenche les réactions de l'autre

Les couples se poussent sans cesse à des réactions de transe venues de l'enfance. Il est le plus souvent difficile de se rendre compte que la réaction post-hypnotique négative antérieure qui est ainsi suscitée est celle qui repose au plus profond du couple intérieur inconscient de l'un ou de l'autre partenaire : le lien d'origine est soit encore inachevé, soit toujours douloureux.

La troisième loi énoncée par Newton affirme qu'à toute action correspond une réaction égale et opposée. La règle qui s'applique en psychogénétique est similaire : chaque réaction a été précédée par une action égale ou opposée. Les signaux et les réponses forment par essence des ensembles de moyens de communication familiers. Il est important de savoir que toute réaction aux signaux émis par l'autre constitue en général une répétition de la réponse de l'un des parents ou d'un modèle alternatif. Si au sein du couple intérieur n'existaient pas de semblables situations non résolues, il n'y aurait place, dans le couple actuel, pour aucune réaction négative automatique aux mêmes stimuli.

Nous avons tendance à penser que c'est notre partenaire actuel qui nous irrite en provoquant délibérément certaines réactions et nous voulons que celui-ci cesse de nous contrarier. Il est rare que nous nous rendions compte à quel point nous nous enfermons nous-mêmes dans une répétition de la réaction automatique de la génération précédente que nous entretenons. La prise de conscience que le stimulus original d'une réponse se situe dans la relation parentale constitue le premier pas en direction d'une sortie de la transe.

La bonne nouvelle, c'est que vous vous trouvez maintenant responsable de l'attitude de votre adulte intérieur. Il s'agit de modifier la suggestion post-hypnotique et vous êtes la personne la plus indiquée pour le faire. La mauvaise nouvelle, c'est que seul votre propre modèle d'adulte intérieur a aujourd'hui le pouvoir de mettre fin à votre cancanage. C'est à lui de se taire en premier. Cependant, vous pouvez sortir de cette transe avant qu'un changement n'intervienne chez ce parent, sans être coincé par la façon dont votre modèle d'adulte vous a hypnotisé. Vous avez en effet la possibilité de modifier les souvenirs inconscients que vous avez de ce parent et d'agir différemment envers votre partenaire.

Les difficultés relationnelles avec votre partenaire vous permettent simplement d'avoir accès à votre modèle de couple intérieur afin de résoudre ce qui est resté inachevé dans la relation de vos parents. Il est certes facile de mettre le doigt sur ce que votre partenaire devrait modifier dans son comportement, mais il ou elle éprouve la même chose à votre égard. Vouloir que votre partenaire change en fonction de vos souhaits ne constitue donc pas une solution ; en outre, le parent qui est votre modèle d'adulte intérieur formulait autrefois des vœux de changement identiques à l'égard de votre parent-partenaire intérieur. S'ils veulent progresser, les couples doivent ainsi laisser derrière eux les modèles de stimulus-réponses hérités de leurs parents, pour plonger dans l'inconnu et se transformer de la manière dont chaque partenaire aurait voulu que le parent qui représente son adulte intérieur se transforme. Ce n'est qu'alors que le couple intérieur commencera à évoluer plutôt qu'à tourner en rond !

Pour parvenir à ce but, la reprogrammation doit commencer à la génération précédente. Dans les sessions que je conduis, nous accédons, avant de les associer sous une forme différente, aux modèles d'adulte et de partenaire intérieurs de chaque client. Cela se fait en réinterprétant la relation qui unissait les parents du client pendant son enfance. Dans le cadre de cet exercice, nous utilisons trois chaises représentant la mère, le père et l'enfant intérieur. Le client occupe tour à tour les trois chaises et identifie la personne qu'il représente en décrivant l'apparence qu'elle avait dans le passé, puis en se comportant comme elle à l'époque.

La méthode psychogénétique plonge au cœur des questions que les parents n'avaient pas résolues et qui avaient été maintenues hors du champ de la conscience. Ces questions se retrouvent en général dans les signes (–) que l'on indique dans le test de sélection. Reportez-vous au tableau de votre histoire d'enfance et cherchez où vous avez placé ces signes. Ils identifient les personnes et les modèles qu'il vous faut reprogrammer.

Écoutons Rosemarie : « Ma mère en voulait toujours à mon père. Depuis que Lucien et moi avons emménagé ensemble, je suis comme elle, en colère et sur la brèche. Je n'ai vraiment pas envie d'être comme cela, mais je ne sais pas ce qui se passe. C'est comme si j'étais possédée par une force démoniaque. Pourquoi diable est-ce que je réagis comme cela ? J'aime Lucien. Il est si gentil et si tendre avec moi. »

J'avais invité Rosemarie à énumérer tout haut les traits de caractère de sa mère afin qu'elle se rende compte qu'ils étaient les siens aujourd'hui. Lorsqu'elle était venue me voir, elle était obnubilée par le fait que Lucien avait les mêmes défauts que son propre père. En prenant conscience qu'elle était le même genre d'épouse que sa mère l'avait été, elle avait fait le premier pas hors de la transe de son adulte intérieur.

La suggestion post-hypnotique ne fut plus cachée aux tréfonds de l'inconscient de Rosemarie et ne la contrôla plus dès lors qu'elle eut pris la mesure de la ressemblance qu'elle offrait avec les traits de caractère et le comportement de sa mère. Plus tard, lorsque se produira une situation de stress, Rosemarie pourra peut-être faire un choix conscient et avoir, à l'égard de son partenaire, une réaction différente des réactions impulsives, automatiques et enregistrées de sa mère. Jusqu'à ce que nous amenions sa transe au grand jour, Rosemarie réagissait comme l'aurait fait sa mère et non pas comme elle l'aurait voulu elle-même. En changeant la réponse de sa mère, elle pouvait modifier la sienne.

Rosemarie et Lucien avaient répété leur rôle pendant leur enfance en jouant au papa et à la maman. À l'image de ces acteurs qui jouent la même pièce depuis vingt-cinq ans, ils s'étaient mis à reproduire la série de signaux et de réponses qu'ils avaient mémorisés. Pour qu'une réponse soit différente et non plus automatique, il fallait que l'un des deux modifie son texte et lance un autre signal. Le casting aurait peut-être changé au cours des années, mais les trois actes de la pièce du couple intérieur seraient restés les mêmes, sauf à être réécrits. Le couple se rencontrerait, tomberait amoureux, et le drame se déroulerait... une nouvelle fois.

QUESTIONS

Quel est le titre de la pièce dans laquelle jouent vos parents ? Et celui de la vôtre ?

S'agit-il d'une pièce en un acte ? De quelle durée est-elle ?

Qu'arrive-t-il aux actes I, II et III lorsque vous jouez la pièce une nouvelle fois ?

Que voudriez-vous changer dans le texte ? Le dénouement ?

Il n'est jamais trop tard

Betty et Norbert fournissent un autre exemple de deux personnes qui un jour s'étaient rencontrées, aimées, mariées et, à leur grand chagrin, n'avaient pas vécu heureuses pour toujours. Ils étaient ensemble depuis dix ans quand ils vinrent me voir : à moins de trente ans, ils avaient deux jeunes fils et étaient au bord du divorce. Betty ne savait plus où elle en était et venait chercher conseil. Elle envisageait de se lancer dans une liaison et de quitter Norbert. Je commençai par lui faire passer le test de sélection, qui fit remonter l'origine de son comportement relationnel problématique au mariage de ses parents. En étudiant son test, je fus rapidement à même d'identifier les problèmes non résolus hérités qui se retrouvaient dans le mariage de Betty et de Norbert : elle était comme son père.

N'oubliez pas que le modèle psychogénétique appliqué ici est lié à la personnalité, et non au sexe. Le test de sélection permit de comprendre lequel de ses parents Betty avait pris comme modèle relationnel, autrement dit la personne dont elle avait copié la manière d'être et d'agir avec son partenaire.

À son grand désarroi, Betty se rendit compte des similitudes qui existaient entre son comportement potentiellement infidèle à l'égard de Norbert et le comportement sexuellement abusif de son père à l'encontre de sa mère. « Norbert se conduit exactement comme ma mère adorée le faisait avec mon père. Je détestais la façon dont elle s'accommodait de tout ce qu'il faisait et de toutes ses amies. Je me suis juré de ne jamais laisser un homme me traiter comme ma mère se laissait traiter par mon père. Et en un sens on peut dire que j'ai tenu parole. »

Notons que c'est son père qui représente le modèle d'adulte intérieur de Betty et non de manière stéréotypée le parent du même sexe qu'elle, comme on l'avait pensé jusque-là. Bien que sa mère ait été le parent préféré de Betty, elle n'était pas pour autant son adulte préféré. Elle n'était pas non plus, au niveau inconscient, son modèle d'adulte intérieur. Elle était en revanche son modèle de partenaire intérieur. En tant qu'adulte, Norbert ressemblait davantage à la mère de Betty que Betty elle-même. Cette dernière faisait penser à son père et, parce qu'elle le détestait, elle commençait à se détester.

En nous servant de cette analyse psychogénétique, nous nous sommes d'abord penchés sur les interactions similaires de Betty et de son père avec leur partenaire respectif. Il était essentiel que Betty mette en scène les relations malheureuses qui étaient celles de son père et de sa mère au sein de leur couple. Je lui fis rédiger de nouveaux souvenirs et elle se prépara à interpréter le script d'un nouveau couple intérieur. Dans son cas, il fut plus efficace d'utiliser une approche corrective telle que la reprogrammation de la relation adulte-adulte de ses parents que des thérapies traditionnelles qui l'auraient fait travailler sur sa propre relation adulte-adulte malheureuse avec Norbert ou sur sa relation parent-enfant insatisfaisante avec son père.

Betty répétait inconsciemment les abus que son père faisait subir à sa mère et ce schéma intangible était néfaste à sa relation avec Norbert. Si, dans la programmation de son couple intérieur, Betty réussissait à modifier le modèle adulte-adulte de la génération précédente, cela provoquerait alors automatiquement chez elle une réponse positive nouvelle à son partenaire intérieur, Norbert. En interprétant des dialogues fictionnels positifs entre ses parents, Betty se créerait des souvenirs dans lesquels ses parents s'efforceraient de résoudre leurs problèmes relationnels. Elle pourrait ainsi mettre en pratique ces comportements positifs nouveaux dans sa relation avec Norbert.

Après avoir appliqué la méthode psychogénétique à un millier de cas, je considère aujourd'hui que le travail sur les problèmes non résolus des relations parentales constitue pour mes patients ayant des difficultés relationnelles dans leur couple la méthode thérapeutique restructurante la plus adaptée qui soit. Dans le système psychogénétique de conseil aux couples, je ne mets pas l'accent sur le couple actuel, mais sur les ressemblances qui existent avec des problèmes relationnels plus profonds hérités des générations antérieures. Mon intervention initiale de thérapeute me fait ainsi plonger directement dans la relation passée des parents plutôt que dans la relation actuelle du couple.

EXERCICE

Imaginez un instant que vous êtes le parent qui forme votre partenaire intérieur. Que pouvait-il (ou elle) ressentir dans sa relation avec le parent qui représente votre modèle d'adulte ?

Imaginez-vous maintenant expliquer cela à

votre modèle d'adulte, en lui disant aussi comment vous vous sentez lorsque vous êtes loin de lui (ou d'elle).

Que diriez-vous de votre partenaire si vous parliez de lui (d'elle) à votre entourage ?

Dans quelle mesure votre relation de couple actuelle ressemble-t-elle à celle de vos parents autrefois ?

Exercice de reprogrammation

Suivons l'exemple de Betty et servons-nous de son travail. Nous avions commencé en rejouant de manière systématique le modèle relationnel mari-femme de ses parents tel qu'elle l'avait enregistré. Betty avait d'abord interprété le rôle de l'enfant observant la relation de ses parents, puis elle avait joué sa mère interagissant avec son père, et enfin le rôle inverse.

Nous avions installé trois chaises pour représenter le trio familial d'origine. Assise sur celle de l'enfant intérieur, Betty s'était souvenue de plusieurs scènes désagréables entre ses parents et les avait toutes rejouées à la première personne, en utilisant le présent de l'indicatif, comme cela s'était déroulé lorsqu'elle était enfant. Assise sur la chaise de sa mère, elle s'était ensuite présentée comme Inès jeune (c'était le prénom de sa mère), avait pris la parole comme si elle avait été Inès à vingt ans, et nous avait parlé de son mari Pedro (son père), qu'elle (Inès) aimait beaucoup. Puis Betty s'était installée sur la chaise de son père, s'était présentée comme si elle avait été Pedro, et nous avait parlé de sa relation avec Inès, qui lui faisait perpétuellement des remarques pour qu'il reste davantage à la maison auprès d'elle et des enfants. Puis Betty avait recréé l'une des conversations typique de ses parents en allant d'une chaise à l'autre.

En interprétant ainsi le rôle de chacun de ses parents, Betty avait fait surgir une multitude de souvenirs et de sentiments oubliés jusque-là et qui lui étaient restés inaccessibles lorsque, assise à la place de l'enfant, elle avait prétendu observer ses parents. Cela lui avait aussi permis de clarifier la différence qui pouvait exister entre ses parents dans leur relation d'adultes à l'époque, et la vision limitée qu'elle avait d'eux dans leur rôle de parents.

« Je n'avais vraiment jamais pensé à mes parents comme à des personnes ayant eu une enfance ou une vie avant leur rencontre. Ils étaient simplement mes parents jusqu'à ce que j'interprète la scène avec les trois chaises », dit Betty. De toute évidence, la confusion qui avait régné dans l'esprit de son enfant intérieur s'était dissipée au cours de cet exercice. Elle s'était mise à voir ses parents comme des personnes réelles.

Se réinstallant alors sur la chaise de l'enfant, Betty avait expliqué à ses parents comment elle aurait aimé qu'ils se comportent l'un envers l'autre. Puis elle avait rejoué la relation parentale, mais cette fois-ci telle qu'elle aurait aimé qu'elle soit. Nous avions procédé de la même manière avec d'autres souvenirs négatifs, en les interprétant d'abord tels qu'ils s'étaient produits, puis tels que Betty aurait aimé qu'ils se produisent. Après avoir restructuré plusieurs expériences négatives de son couple intérieur, Betty avait repris place sur la chaise de son enfant intérieur afin d'incorporer ces nouveaux dialogues positifs à ses souvenirs d'enfance. Elle s'était « rappelé » ses parents finissant par trouver une solution à leurs problèmes irrésolus et avait observé, écouté et ressenti avec intensité leur satisfaction inhabituelle.

Les séances de monodrames avaient fourni à Betty des solutions positives et de nouveaux comportements relationnels à mettre en pratique dans la relation d'adulte à adulte qu'elle avait aujourd'hui avec son mari Norbert. Au bout de dix fois, après avoir interprété plusieurs autres expériences adulte-adulte de son enfance, Betty avait réussi à remplacer la programmation négative de son couple intérieur par un modèle relationnel positif. Au cours de l'une de ces séances, elle avait joué une scène dans laquelle elle était son père qui disait à sa mère combien il avait besoin qu'elle s'occupe de lui, des enfants et de la maison. « C'est la première fois que j'entends mon père dire quelque chose de gentil à ma mère. » Betty (dans le rôle d'Inès) en pleura de joie.

Lors de la séance suivante, stupéfaite, Betty m'avait raconté à quel point Norbert avait été touché de l'entendre lui dire combien elle avait besoin de lui. « Depuis le temps que nous sommes mariés, je n'avais jamais pensé à lui dire que je l'appréciais. Je pensais qu'il le savait déjà, avec tout ce qu'il fait pour moi à la maison. Et je n'ai jamais vu mon père dire cela à ma mère. Jamais un mot gentil. Il aurait suffi qu'il fasse preuve d'un peu d'attention et de tendresse pour que tout change pour elle. Vous savez, après avoir subi ses abus pendant douze ans et n'avoir reçu aucune affection, ma mère a fini par quitter mon père. Et mon père a passé les vingt années qui ont suivi à essayer de la persuader de reprendre la vie commune. Je crois bien que c'est ce vers quoi nous nous dirigions, Norbert et moi. Il m'a dit qu'il était sur le point d'abandonner l'espoir que je puisse lui montrer un jour que je m'intéressais à lui. Je suis heureuse que nous ayons réussi à prendre un autre chemin. Ou plutôt, je suis heureuse que nous ayons tracé un autre chemin que nous allons pouvoir emprunter. Cela aurait été tellement plus simple si j'avais eu des modèles positifs dès le début. Mais je les ai en moi maintenant. »

EXERCICE

Notez en quoi vous auriez voulu que vos parents changent ou ce que vous auriez voulu qu'ils changent dans leur relation. Qui aurait dû changer quoi ? En quoi la réponse de l'autre parent aurait été différente ? Jouez-les en train de faire cela.

Puis écrivez l'histoire comme si elle s'était vraiment déroulée ainsi pendant votre enfance, en décrivant en détail la pièce dans laquelle ils se trouvaient, l'époque de l'année et l'heure à laquelle cela se passait, l'âge que vous aviez, et l'attitude de vos parents au fur et à mesure qu'ils progressaient dans cette nouvelle relation.

Racontez-vous l'histoire à voix haute, sans vous aider de ce que vous avez écrit. Enregistrezvous si possible, de façon à pouvoir réécouter l'histoire plusieurs fois.

Réécoutez la cassette plusieurs fois par semaine, si possible au moment de vous coucher, de façon à ce que l'histoire pénètre votre inconscient quand vous vous endormez et qu'elle forme peu à peu la base de votre nouvelle relation rêvée.

CHAPITRE VI

L'histoire

Le théâtre familial

Pendant notre enfance et notre adolescence, nous jouons au papa et à la maman, nous entraînant pour interpréter ces rôles plus tard, quand nous serons grands. De la naissance à l'âge de douze ans, nous sommes physiquement et émotionnellement dépendants et, de ce fait, extrêmement impressionnables. À l'adolescence, notre enfant intérieur commence à se fondre dans notre inconscient et la programmation de notre adulte intérieur apparaît peu à peu au grand jour. Un conflit se manifeste de manière évidente entre notre enfant intérieur et notre adulte intérieur au travers des changements qui affectent notre corps comme notre mental. Même si, en approchant de l'âge adulte, nous nous détachons sans doute quelque peu du modèle conscient représenté par nos parents, ceux-ci continuent de former un modèle inconscient. Nos semblables sont maintenant devenus de plus en plus importants. Le processus de recherche de partenaire a commencé.

Comme aucun de nous n'a connu ses parents avant qu'ils ne soient parents, nous sommes en général plus libres au cours du premier acte, c'est-à-dire avant le début de la recherche, qu'après.

Dans la période qui précède une relation amoureuse ou sexuelle, nous collons au plus près du rôle de notre enfant intérieur et il n'en ira plus jamais ainsi par la suite. Les gens changent dès lors qu'ils sont tombés amoureux parce que leur adulte intérieur s'est manifesté au cœur de leur personnalité. À partir du moment où le processus de recherche de partenaire est lancé, nous tendons à calquer automatiquement notre comportement sur celui du parent qui représente notre modèle d'adulte intérieur, bien que nous n'ayons jamais assisté à sa propre recherche de partenaire. Dès que nous commençons à auditionner des partenaires potentiels pour jouer le rôle du partenaire intérieur, notre programme de couple intérieur est activé. À moins que le texte du scénario ne se trouve interrompu ou réécrit, nous sommes prêts à parcourir tout le chemin de la transe du couple du troisième acte, qui correspond au moment où nous devenons à notre tour parents. On se souviendra que le couple intérieur a son propre script et que votre adulte intérieur connaît vos répliques par cœur. La plupart des gens gardent encore en mémoire leur « premier amour ». Cette expérience marque la première transition de l'enfant intérieur vers l'adulte intérieur et, parce qu'elle est la première, elle se grave durablement dans le cœur.

Tout comme la langue maternelle que nous avons apprise et la suggestion post-hypnotique à cancaner que nous avons reçue, les signaux et les réponses appris de nos parents se manifestent alors dans notre personnalité sans que nous en ayons consciemment envie.

La plupart d'entre vous ne prêtez pas attention aux changements qui, du premier au troisième acte, se produisent en vous. En revanche, vous les remarquez chez votre partenaire. Votre rôle vous est familier. Vous l'avez vu et entendu auparavant chez le parent qui représente votre modèle d'adulte. Plus votre relation évolue, plus votre comportement se rapproche de celui qu'avait votre modèle d'adulte envers son ou sa partenaire. Même si vous ne notez pas les changements que vous traversez, votre partenaire, lui, le fera. Vos actions et vos paroles vous semblent normales. À mesure que vous progressez de la première rencontre au premier rendez-vous amoureux, puis à la première relation sexuelle, vous connaissez de mieux en mieux votre texte. Vous vous appropriez votre rôle et vous auditionnez des partenaires pour jouer l'autre rôle principal du couple intérieur. Comme le rideau se baisse sur le premier acte, vous vous sentez sans doute relativement en sécurité parce que vous vous en êtes sorti jusqu'ici.

Dans le deuxième acte, le nouveau couple que vous formez se prépare à vivre ensemble ou à se marier. L'un comme l'autre vous vous efforcez du mieux que vous pouvez à interpréter les deux rôles principaux originaux dont vous gardez le souvenir depuis votre enfance. À mesure que l'intrigue s'épaissit, chacun dévoile de nouveaux pans de la personnalité de ses parents que l'autre n'avait au départ pas remarqués ou dont chacun ignorait même qu'ils gisaient là, cachés. Autrement dit, sous l'influence du stress (et toute situation inédite ou tout changement constitue un stress), vos parents se manifestent en vous pendant que ceux de votre partenaire surgissent en lui ou en elle. Vos modèles d'adultes intérieurs respectifs ont maintenant tous les deux un rôle dans la pièce qui met en scène votre couple intérieur : ils la dirigent tout en s'assurant que les signaux et les réponses ne changent pas. J'appelle cela du caquetage. Souvent, la personne qui auditionne pour le rôle du partenaire intérieur ne fait pas l'affaire et la relation ne peut pas aller au-delà du premier ou du deuxième acte (le couple est incapable d'interpréter convenablement les rôles du papa et de la maman).

« Il y a dix ans, quand Henri a décidé de ne pas quitter sa femme pour m'épouser, j'ai cru que j'en mourrais. La souffrance subie devant la fin de mon rêve fut si intense et si douloureuse physiquement que j'ai cru que je ne m'en remettrais jamais. Il m'a fallu cinq ans », se souvint Jeanne en racontant sa rupture difficile.

J'avais toujours pensé, en tant que thérapeute, que la douleur que Jeanne avait ressentie lorsqu'Henri avait rompu avec elle était celle qu'elle avait éprouvée enfant lorsque son père avait quitté la maison. Je sais maintenant que c'est celle que sa mère – autrement dit, son modèle d'adulte intérieur – avait ressentie lorsque le père de Jeanne avait mis fin à leur relation. Plus d'une décennie après, Jeanne, avec l'aide de la psychogénétique, interpréta le rôle de sa mère dont elle exprima la peine, comprenant enfin ce qui s'était produit.

« Henri et moi entretenons maintenant une amitié amoureuse à distance. Comme dans la chanson, il me téléphone juste pour me dire qu'il m'aime. Il me dit que je suis tous les jours dans ses pensées et que je l'accompagne partout. Il me laisse des messages sur mon répondeur pour me dire combien je lui suis chère. L'autre jour, je l'ai appelé pour le remercier de sa manifestation d'amour la plus récente. Il y a longtemps que j'ai fait mon deuil du rêve que j'avais de l'épouser, mais je serais quand même curieuse de comprendre ce qui a mis fin à notre liaison. Je lui ai demandé pour quelles raisons il s'opposait au fait d'être avec moi, alors que sa femme et lui sont si malheureux ensemble. "Je n'ai rien contre toi, m'a-t-il répondu, mais contre le fait de t'épouser. Nous n'allons pas ensemble."

» En reprenant les informations fournies par le test de sélection, je comprends parfaitement cette affirmation. L'image que se fait Henri de la relation d'un couple marié ne correspond pas à ce qui se passe entre nous. Nous nous aimons trop. Cette passion intense ne s'accorde pas avec la programmation de son adulte et de son partenaire intérieurs, ni avec la mienne. En revanche, la négligence, oui ! Notre histoire d'amour est la plus extraordinaire que nous ayons jamais vécue et que nous vivrons jamais. Mais ça ne pouvait pas aller plus loin. Nous ne sommes ni l'un ni l'autre programmés pour obtenir l'amour que nous voulons. Nous pouvons seulement en éprouver l'envie.

» J'ai compris pourquoi notre relation a périclité au moment même où Henri voulait m'épouser. Il m'a raconté à quel point ses parents ont été malheureux ensemble toute leur vie, mais ne se sont jamais séparés. Il est très fier que son père soit resté avec sa mère, même si son père avait de nombreuses aventures et si sa mère était sans cesse jalouse. Je me suis rendu compte que, même si nous nous étions mariés, Henri aurait continué d'avoir des aventures et j'aurais été jalouse, comme sa femme l'a été de moi et sa mère de son père. Je ne peux pas le changer. Je ne peux changer que deux choses : moi et les souvenirs que j'ai de ma mère. De cette façon, je ne me laisserai pas prendre comme elle dans une nouvelle histoire avec un homme inaccessible. »

EXERCICE

Réfléchissez à vos relations précédentes (reprenez la roue des relations à la fin du chapitre IV). À quel stade les ennuis ont-ils commencé ? Et fini ?

À quel moment la relation a-t-elle pris fin ? Ou bien, à quel moment les problèmes ont-ils été résolus ?

Décrivez dans quelle mesure vos précédentes relations ressemblent à celle de vos parents.

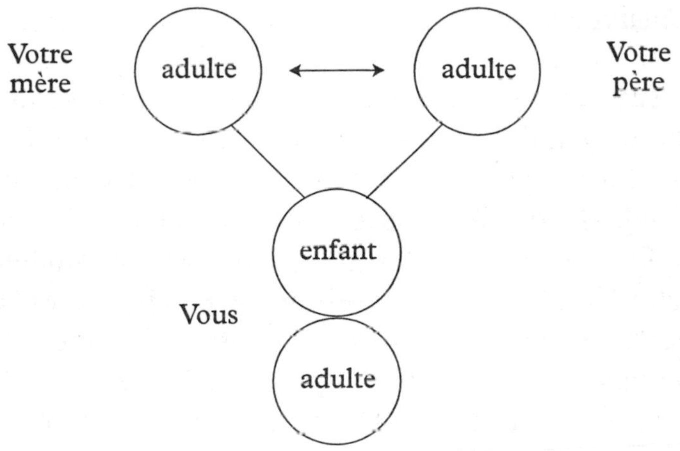

Examinez attentivement vos parents...
Vous ressemblerez à l'un d'entre eux.

Examinez attentivement vos beaux-parents...
Vous épousez l'un d'entre eux.

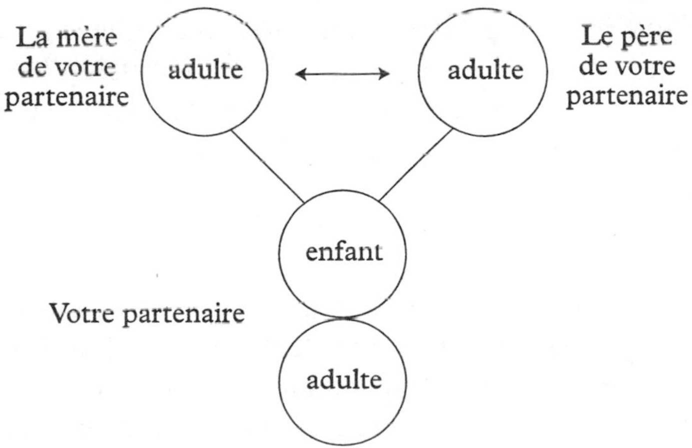

Schéma des empreintes relationnelles

Comme un air de déjà-vu

L'attirance magnétique que vous éprouvez aujourd'hui quand vous tombez amoureux est le même sentiment que celui qui existait entre vos parents lorsqu'ils ont commencé à sortir ensemble. Ce sentiment est le sort qui a été jeté par vos modèles relationnels pendant votre petite enfance. C'est ce qu'ils ont ressenti l'un pour l'autre à l'époque. Le souvenir de ce sentiment a pour vous la même signification que tomber amoureux. L'énergie émotionnelle qui circulait entre vos parents lorsqu'ils se sont rencontrés pour la première fois va être considérée comme un sentiment important par votre adulte intérieur lorsque vous vous trouverez au début d'une relation. Que ce soit de la joie, de la peur, de la passion, de l'amour, de la colère, ou du rire, cela forme la chimie entre votre partenaire et vous.

Ce qui se produit entre deux personnes au début d'une relation positive ou négative n'est que la répétition du vieux sentiment familier qui unissait leurs parents. Cet appel sans cesse renouvelé en direction de ces derniers traverse les générations.

JALOUSIE

« Ma première femme avait des aventures à droite et à gauche. J'en étais malade de jalousie. J'ai beaucoup maigri, beaucoup pleuré et je souffre encore de l'imaginer avec un autre type. J'ai sombré dans la dépression après le divorce. Je me suis juré que je ne me retrouverais jamais plus dans la même situation et me voici aujourd'hui embarqué dans une histoire identique avec ma seconde femme, Sylvia. Elle m'a plu dès la première rencontre et je lui ai demandé de m'épouser à notre troisième rendez-vous. Ça ne lui a fait ni chaud ni froid, mais elle a accepté parce que je pouvais lui apporter la même sécurité financière que celle que son beau-père avait apportée à sa mère quand, Sylvia étant enfant, son père les avait abandonnées. »

Si Marc et Sylvia avaient passé le test de sélection avant de se marier, Marc se serait rendu compte que Sylvia avait pris son père comme modèle d'adulte et que, bien qu'elle le détestât pour avoir quitté sa mère (son parent préféré), elle était programmée pour agir de la même façon avec Marc.

« La semaine dernière, j'ai demandé à Sylvia si elle avait quelqu'un d'autre. J'aurais mieux fait de lui demander si elle *était* quelqu'un d'autre – comme son père. Elle m'a dit non, mais je ne la crois pas. Ou plutôt, je ne me fais pas confiance quand je la crois. Ma première femme aussi, je pensais la connaître mieux que cela. Sylvia fait des virées avec ses copines et je les trouve trop longues !

» Mon premier et mon second mariages ont ceci en commun que nous faisons chambre à part. Sylvia et moi n'avons pas fait l'amour depuis des mois. Ma première femme couchait avec d'autres hommes. Je me sens bête de lui avoir fait confiance. Je ne me suis rendu compte qu'elle me trompait qu'après le divorce. Tout le monde était au courant, sauf moi. J'ai été le dernier à l'apprendre. Les autres savaient, mais ne voulaient pas me faire de peine. J'ai l'impression que ça recommence, dit Marc.

» Pourquoi est-ce que je ne fiche pas Sylvia dehors ? Qu'est-ce qui me retient ? Je ne sais pas.

Je n'arrive peut-être tout simplement pas à m'extirper du sentiment familier dont nous avons parlé... la méfiance. Je ne sais pas si je suis soupçonneux ou naïf. Je veux faire confiance à Sylvia. Je ne peux pas passer mon temps à me torturer en me demandant si elle se conduit mal derrière mon dos. Toute ma vie j'ai vu ma mère se faire du souci pour mon père. Mes deux femmes sont des personnalités fortes, indépendantes, des femmes actives. Elles sont toutes les deux très séduisantes et elles ont du caractère. Maintenant que j'y pense, elles ressemblent à mon père. J'aimais mon père, mais il a rendu la vie impossible à ma mère. Je me demande bien s'il avait une liaison... »

REGRETS

Lina regrettait autant d'avoir divorcé de Baptiste que de l'avoir épousé. « Ma mère a regretté d'avoir épousé mon père, puis de ne pas avoir eu le courage de divorcer. Mon père a regretté de ne pas avoir quitté ma mère. Pas besoin d'être Einstein pour comprendre que le sentiment récurrent ici est le regret. Je devrais peut-être changer cela, ou sinon je vais le regretter toute ma vie », dit Lina d'un ton songeur.

EXERCICE

Dans la liste ci-dessous, soulignez les sentiments qui correspondent à ce que vous avez ressenti ou à l'attitude que avez eue à l'égard de chacun de vos partenaires lorsque vous vous êtes rencontrés pour la première fois et/ou à ce que vous ressentez ou à l'attitude que vous avez aujourd'hui.

Dans la liste ci-dessous, entourez les sentiments qui correspondent à ce que chacun de vos partenaires ont ressenti ou à l'attitude qu'ils ont eue à votre égard lorsque vous vous êtes rencontrés pour la première fois et/ou à ce qu'ils ressentent ou à l'attitude qu'ils ont aujourd'hui.

Quels cinq sentiments éprouvez-vous le plus souvent dans une relation ? Cochez-les dans la marge.

Notez les similarités d'une fois sur l'autre au fur et à mesure de la progression de la relation.

Quel sentiment finissez-vous par éprouver ?

Abasourdi(e)
Accro
Admiré(e)
Aimant(e)
Aimé(e)
Alcoolique
Amical(e)
Amusé(e)
Angoissé(e)
Apaisé(e)
Apeuré(e)
Apprécié(e)
Asexué(e)
Bête
Blessé(e)
Concerné(e)
Confiant(e)
Confus(e)
Content(e) de soi
Coupable

Craintif(ve)
Créatif(ve)
Critique
Cruel(le)
Découragé(e)
Dépendant(e)
Déprimé(e)
Désemparé(e)
Désolé(e)
Désorienté(e)
Distant(e)
Dominateur(rice)
Dominé(e)
Dragueur(se)
Effrayé(e)
Égoïste
Embarrassé(e)
En colère
En rage
Enchanté(e)

Encouragé(e)
Énergique
Enthousiaste
Entiché(e)
Entreprenant(e)
Envahi(e)
Excité(e)
Extravagant(e)
Faible
Fasciné(e)
Fatigué(e)
Fidèle
Fier(e)
Folâtre
Forcé(e)
Fou(folle)
Frustré(e)
Furieux(se)
Gai(e)
Haineux(se)
Heureux(se)
Honteux(se)
Hostile
Idiot(e)
Ignoré(e)
Impliqué(e)
Important(e)
Inadéquat(e)
Inférieur(e)
Insignifiant(e)
Intelligent(e)
Intéressant(e)
Intéressé(e)
Intime
Intimidé(e)
Irresponsable
Irrité(e)
Jaloux(se)
Joueur(se)
Joyeux(se)
Méfiant(e)
Menacé(e)
Menteur(se)
Mesquin(e)
Misérable
Mortifié(e)
Mystifié(e)
Nourricier(e)
Paranoïaque
Pas intéressé(e)
Passionné(e)
Pensif(ve)
Plein(e) de regrets
Plein(e) d'espoir
Pleurnicheur(se)
Possédé(e)
Possessif(ve)
Précieux(se)
Pris(e) au piège
Protecteur(trice)
Protégé(e)
Puissant(e)
Rancunier(e)
Rassuré(e)
Rebelle
Reconnaissant(e)
Reconnu(e)
Rejeté(e)
Relax
Respecté(e)
Responsable
Satisfait(e)
Séduit(e)
Sensible

Sentimental(e)	Supérieur(e)
Serein(e)	Tendu(e)
Seul(e)	Timide
Sexuel(le)	Tranquille
Sexy	Tricheur(se)
Songeur(se)	Triste
Soucieux(se)	Valable
Soumis(e)	Validé(e)
Spirituel(le)	Vide
Stimulé(e)	Vivant(e)
Stupide	(autres ?)

Sous le charme

Nombreux sont ceux qui tendent à être attirés vers des personnes dont les parents présentent un type de liens identique aux leurs, et ce n'est pas une simple coïncidence.

De toute évidence, Henri et Jeanne avaient suivi le même impératif inconscient : trouver un partenaire capable de recréer un environnement émotionnel semblable à celui qui existait entre leurs parents. Or, qui saurait faire cela mieux qu'une personne présentant une histoire parentale identique ? Un nouveau partenaire ne peut remplir de telles exigences que jusqu'à un certain point et pas au-delà. Pour réussir à accéder au second stade de la relation, chacun des deux partenaires doit disposer des mêmes instructions relationnelles et doit pouvoir recréer le même sentiment familier de couple intérieur. Lorsque cela fonctionne, c'est parce que les deux couples de parents étaient similaires. Ceux de Henri et de Jeanne ne l'étaient pas.

Le modèle de Jeanne avait quitté son mari. Pas la mère d'Henri. Dans le cas d'Astrid et de Julien, les deux couples parentaux étaient restés mariés. « Je pourrais parcourir la planète, je ne trouverai jamais quelqu'un qui ressemble davantage à mon père que Julien. Nous nous chamaillons exactement comme mes parents. Mon père me faisait peur quand il avait bu. Ma mère avait essayé de le quitter plusieurs fois, mais elle était toujours revenue. Je ne comprendrai jamais comment j'ai pu être fascinée par un homme comme lui. Mais, pour être honnête, je ne pensais pas que Julien était comme cela quand je l'ai rencontré. Il a changé après notre mariage et il s'est mis à ressembler à son père aussi. Je l'avais épousé parce qu'il avait toujours affirmé qu'il n'aimait pas la manière dont ses parents se comportaient l'un envers l'autre. Son père passait son temps à frapper sa mère, mais elle non plus n'est jamais partie. On aurait pu penser qu'il ne reproduirait pas les mêmes comportements que son père, mais c'est pourtant bien ce qu'il fait ! Il est toujours désolé après m'avoir tapée. J'essaye de lui pardonner parce que c'est ce qu'il faut faire. Je ne veux pas mettre en l'air mon mariage. Nous voulons tous les deux que ça marche. »

Maintenant que nous savons que les partenaires sont sélectionnés pour reproduire la relation des couples originels de la famille, attardons-nous un instant sur l'énergie magnétique qui attire l'un vers l'autre ces deux types de personnalité. Arrêtons-nous sur le pouvoir de l'émotion. « É » pour énergie... l'énergie en mouvement. C'est cette *é-motion* qui est au cœur des chansons d'amour.

Quelle que soit l'émotion présente entre votre mère et votre père aux stades successifs de leur relation, c'est elle que la programmation du couple intérieur cherche à recréer pour vous. Votre adulte intérieur et votre partenaire intérieur sont attirés l'un vers l'autre par un sentiment identique à celui qui prévalait entre vos parents. Votre partenaire et vous resterez ensemble aussi longtemps que vous continuerez l'un et l'autre de répéter les mêmes comportements que ceux qui se sont gravés dans votre esprit. Si l'un des deux met fin aux signaux et/ou aux réponses familiers, vous commencerez à vous déconnecter émotionnellement de la programmation de votre couple intérieur et vous aurez alors la possibilité de trouver une autre solution ou de faire évoluer la relation.

QUESTIONS

Quels étaient les sentiments entre votre partenaire et vous lorsque vous vous êtes rencontrés ?

Et quand vous vous êtes mis en couple ?

Quels sont les sentiments entre votre partenaire et vous aujourd'hui ?

Quels sont les sentiments qui vous lient ?

Quels étaient les sentiments entre vos parents quand vous étiez enfants ?

Quel sentiment associez-vous les plus souvent à l'amour ?

Trop proches pour se consoler

« Fabrice et moi avions décidé de ne plus nous voir après son déménagement », me raconta Nancy. Un an plus tôt, ils s'étaient séparés et avaient pris chacun un appartement. « J'en suis bien contente, poursuivit la jeune femme. J'avais besoin d'air. Fabrice en avait toujours après moi à propos de quelque chose que je n'avais pas fait ou que j'aurais dû faire : je n'avais pas pris mon petit déjeuner avec lui ; je ne l'avais pas embrassé au moment de partir ; je ne l'avais pas appelé de la journée ; je revenais trop tard le soir ; je regardais trop la télé ; je dormais de *mon* côté du lit. Mais, depuis quelque temps, Dieu sait pour quelle raison, il est de nouveau adorable et a l'air aussi heureux d'être avec moi qu'aux premiers jours de notre rencontre. Je crois bien que vous aviez raison : nous sommes incapables de vivre ensemble. »

Nancy et Fabrice sont l'illustration parfaite du principe de Peter, que l'on retrouve aussi bien dans les relations que dans les entreprises, à savoir que toute relation (ou tout employé) progresse jusqu'à ce qu'elle (il) ait atteint son niveau d'incompétence. À partir de ce moment-là, il n'y a plus d'évolution possible et c'est la fin. La plupart du temps, le couple est même incapable de continuer ne serait-ce qu'une relation amicale après la rupture. Il est très rare que les partenaires puissent retrouver le niveau de fonctionnement idéal de la relation. Toutefois, Nancy et Fabrice suivaient tous les deux une thérapie pour résoudre le blocage qui les empêchait de vivre en couple, et n'étaient pas là pour mettre fin à leur relation. Vivre ensemble constituait le niveau d'incompétence que chacun avait gravé en lui.

Nancy était fille unique et elle restait seule à la maison avec ses parents la plupart du temps. Ces derniers étaient polis l'un avec l'autre sans être amis, et n'exprimaient que fort peu leur affection. Le père était très occupé par sa carrière et, dès lors que Nancy avait été assez âgée pour prendre soin d'elle-même, sa mère n'avait eu d'autre occupation que le shopping et le bridge.

« J'ai toujours pensé que ma mère se conduisait comme une enfant et qu'elle était trop gâtée. Mon père travaillait dur et elle n'avait pas l'air de le comprendre. Quand il rentrait, elle lui reprochait d'être resté tard au bureau. Il disait qu'il y était obligé parce qu'elle jetait l'argent par les fenêtres. Elle me témoignait de l'amour, mais lui n'y avait pas droit. »

Les parents de Fabrice fonctionnaient à peu près sur le même schéma. « Ils passaient leur temps à se chamailler pour des questions d'argent. » Fabrice les décrivit comme des personnes violentes, malheureuses et gamines. « Ma mère était attentive et présente. Mon père passait son temps à travailler et à se débattre avec les factures. Je ne me souviens absolument pas de sa présence. N'est-ce pas étrange ? Car je sais qu'il était là. Il était entouré de silence. Il rentrait à la maison et n'avait rien à nous dire. Parfois, il était violent avec moi comme il l'était avec maman. »

Le test de sélection mettait clairement en évidence l'origine du problème entre Nancy et Fabrice. Même s'ils n'avaient pas consciemment prêté attention aux interactions entre leurs parents quand ils étaient enfants, ils avaient absorbé le modèle que ceux-ci proposaient. Pour avoir une idée de ce qui s'était passé dans la relation de leurs parents respectifs, il suffisait d'observer Nancy et Fabrice aujourd'hui. Pendant la période qui va de la naissance à l'âge de cinq ans, le jeune enfant imagine que tout (à savoir la réalité) ressemble à l'environnement dans lequel il se trouve. Cette acceptation de la réalité n'est pas remise en question et va former la suggestion post-hypnotique du couple intérieur.

Nancy et Fabrice étaient deux caractères contraires, comme leurs parents, et cela compliquait plus leur relation que cela ne la sublimait. Lorsqu'un problème surgit dans ce genre de couple, chacun des partenaires fait face au stress de façon contraire, produisant ainsi une crise supplémentaire qui empêche la résolution du problème. Les couples qui se ressemblent seront toujours mieux armés pour traverser une crise parce qu'ils seront d'accord sur la manière dont il faut la gérer. Sous le stress, ils régressent vers le même modèle.

La psychogénétique permit à Nancy et à Fabrice de prendre clairement conscience de leur programmation relationnelle contraire. Même s'il n'est pas plus facile pour autant de changer quand on a compris quelles sont ses réponses relationnelles conditionnées, ils commençaient à sortir de leur transe. Au lieu d'être l'un et l'autre obsédés par ce que leur partenaire respectif devait modifier, ils commençaient à évoluer, chacun se concentrant sur ses propres réflexes conditionnés négatifs au lieu de ne penser qu'à ceux de son partenaire.

Il leur fut difficile mais salutaire d'interrompre leurs réponses automatiques pour apprendre à adresser à leur partenaire des signaux différents. La reprise en main graduelle de leur propre comportement fut facilitée par le monodrame au cours duquel Nancy et Fabrice rejouèrent chacun leurs parents comme ils auraient aimé qu'ils soient. Il n'était peut-être pas trop tard pour sauver leur relation.

Penchons-nous maintenant sur un couple qui a sans doute trop attendu pour pouvoir changer.

« J'ai du mal à le croire, expliquait Madeleine, mais la manière dont je me conduis avec Jules me fait penser à ma mère ! En passant ce simple petit test de sélection, je me suis rendu compte que j'avais la même attitude à son égard que ma mère avec mon père. Je ne l'aimais pas beaucoup. Elle était sournoise, faisait ses coups en douce et manipulait tout le monde. Elle n'a d'ailleurs pas changé. Dites-moi que je ne suis pas comme cela. »

Nous étudiâmes le test de sélection de Madeleine. Elle décrivait sa mère comme une femme mal embouchée, impatiente et bruyante qui s'en prenait à tout le monde. « Ma mère disait que le sexe ne valait pas tout le plat qu'on en faisait et que c'était juste une croix que la femme devait porter pour avoir des enfants. Elle dominait mon père. Je me suis comportée de la même manière avec Jules sans même m'apercevoir à quel point je ressemblais à ma mère. Pas étonnant qu'il m'ait quittée. »

Jules vint me voir la semaine suivante. Il affirma que Madeleine avait été une très bonne épouse jusqu'à l'arrivée des enfants ; alors elle s'était transformée en une véritable boule de nerfs : « Elle passait son temps à hurler. J'étais désolée pour elle, mais j'évitais le plus possible d'être à la maison. Je me suis arrangé pour être de plus en plus occupé et rentrer de moins en moins. Je ne veux plus vivre avec elle. J'ai déjà trouvé un boulot loin de la maison et je ne rentrerai qu'une fois par mois. Peut-être qu'ainsi je pourrai supporter qu'on reste mariés. »

Son test présentait un père « enragé » et une mère qui recherchait la paix à tout prix. Il sautait aux yeux que sa mère constituait son modèle d'adulte intérieur et son père son modèle de partenaire intérieur. Il en allait de même pour Madeleine, ce qui était une mauvaise nouvelle pour elle.

« Je me sens tellement coupable. Jules est gentil comme l'était papa et j'ai été si odieuse avec lui. Qu'est-ce que je peux faire pour me faire pardonner ? »

QUESTIONS

Qu'auriez-vous souhaité que le parent qui était votre modèle d'adulte modifie dans le comportement qu'il avait à l'égard du parent qui formait votre modèle de partenaire ?

Pouvez-vous y arriver avec votre partenaire aujourd'hui ?

Sortir de la transe

L'un des adages les plus cités par les praticiens de la programmation neurolinguistique (PNL) dit que « si l'on fait toujours ce que l'on a toujours fait, on obtiendra toujours ce que l'on a toujours obtenu ». Cette affirmation traite de la cause et de l'effet. Elle s'applique aussi à la transe. En psychogénétique, je dis que « celui qui fait toujours ce que son couple intérieur a toujours fait obtiendra toujours ce qu'il a toujours obtenu ».

Des centaines d'études de cas ont démontré que nous tendons à répéter à la fois les schémas de sélection et les schémas d'interaction qui ont été ceux de nos modèles d'adultes et que nous avons eus sous les yeux pendant notre enfance. Cela n'a rien de nouveau. Ce qui l'est en revanche, c'est que pour la plupart nous ne nous rendons pas compte que nous sommes en transe et, si nous nous en apercevons, nous ne nous éloignons pas des impératifs du couple intérieur. Richard Bandler, le codéveloppeur de la PNL et l'un des mes professeurs les plus avisés, m'avait avertie que les gens se méfient en général de l'hypnose parce qu'ils ont peur de se retrouver en transe alors que ce dont ils devraient plutôt avoir peur, c'est d'y être déjà. La solution, comme je l'explique lorsque je travaille avec des couples, consiste justement à les faire sortir de la transe dans laquelle ils vivent.

Je peux empêcher mon amie de se lever au milieu du public pour se mettre à cancaner comme un canard si je lui explique *avant* qu'elle ne commence qu'elle a été hypnotisée pour se conduire ainsi. Je peux interrompre sa réaction de transe avant que le stimulus n'intervienne, mais pas après ni pendant. La suggestion post-hypnotique prendra le dessus dès qu'elle entendra le mot « canard », alors qu'il est possible d'en réduire beaucoup l'emprise si sa conscience sait ce qui va se passer au lieu d'être surprise et précipitée dans une réaction automatique.

« La préparation forme toute la différence entre la transition et la crise », écrivait Gail Sheehy, il y a fort longtemps, dans un livre révolutionnaire : *Passages*. Il est vital d'être préparé à l'avance pour pouvoir briser le cercle de la transe. La conscience doit être prête à reconnaître et à interrompre l'induction antérieure avant que l'inconscient n'entende l'ordre transmis et ne prenne automatiquement le contrôle.

Il est important que la conscience se familiarise avec des réponses autres que les réactions au stress qui étaient celles de l'adulte intérieur pendant l'enfance. C'est pourquoi tous les exercices à trois chaises que j'ai mis au point sont joués à la première personne du présent de l'indicatif, comme si vous étiez en train d'observer vos parents pendant votre enfance. Vous vous entraînez afin de reprogrammer votre inconscient en lui fournissant un schéma de réponse nouveau et meilleur que ceux que votre modèle d'adulte vous avait montrés. Le monodrame permet à vos souvenirs enfouis de resurgir et de découvrir la véritable personnalité de vos parents, la manière dont ils interagissaient, avec lequel d'entre eux vous vous identifiiez et les traits duquel vous reproduisez ou, au contraire, reniez.

Les gens sont surpris et affolés de découvrir qu'ils reproduisent dans leurs propres relations d'adultes un nombre important des traits de la personnalité du parent qui représente leur adulte intérieur. Ceux du parent qui constitue leur modèle de partenaire surgissent en général lors du choix du partenaire, comme s'il s'agissait d'une paire assortie. La plupart des aspects de la personnalité et du comportement du parent avec lequel vous ne vous êtes pas identifié forment maintenant en vous des critères inconscients qui présideront au choix que vous ferez de votre partenaire. Votre couple intérieur est la projection de la vidéo familiale que vous avez regardée pendant l'enfance. Ce qui apparaît toujours sur l'écran de votre esprit, c'est la relation qui était celle de vos parents quand vous étiez nourrisson, bébé et enfant.

Il est temps de produire un remake.

Abusé ou abandonné, il faut choisir

« David est gentil comme tout, mais il n'est vraiment pas mon genre, proteste Rita. Pourtant, si l'on pense à ce que j'ai vécu ces dernières années avec des hommes qui étaient mon type, c'est sans doute la meilleure nouvelle qu'il m'ait été donné d'entendre depuis longtemps. »

Rita avait récemment été présentée au cousin de sa meilleure amie. Il vivait dans une autre ville qu'elle et, pour la première fois, Rita envisageait de se lancer dans une relation avec quelqu'un qui n'était pas son genre et qui habitait loin. Le test de sélection de la jeune femme montrait que cet homme était en effet à l'opposé de ses partenaires habituels. Il ressemblait davantage à son père. Les hommes qu'elle fréquentait habituellement n'étaient bien entendu pas « gentils comme tout », pour reprendre ses mots. C'étaient des égoïstes.

Avocate, Rita choisissait toujours des partenaires

solitaires et incompris. « Léo avait besoin de moi, avait-elle déclaré à propos de sa relation la plus récente qui s'était soldée par un désastre. Et vous savez que j'aime qu'on ait besoin de moi. Bien que ses exigences m'aient pesé, je ne pouvais pas l'abandonner. Et c'est lui qui a fini par partir. » Les trois précédentes relations de Rita s'étaient toutes terminées de la même manière : les hommes la quittaient. « Après tout ce que j'ai fait pour eux », pleurnicha-t-elle.

Rita était venue me voir pour modifier son schéma relationnel. « J'en ai assez d'être une gentille fille et de me faire piétiner », avait-elle affirmé lors de sa première visite à mon cabinet. Au bout de deux séances seulement, elle avait déjà pris conscience que l'attirance initiale qu'elle ressentait envers un certain type de personnalité ressemblait étrangement au choix qu'avait fait son père en épousant sa mère.

« Mon précédent thérapeute ne cessait de me dire que je n'avais pas réglé certains problèmes avec mon père et que si je travaillais sur ce point je ne choisirais plus des partenaires qui me maltraiteraient ou me quitteraient. Mais je savais que je ne choisissais pas des partenaires qui ressemblaient à mon père : en réalité, j'étais mon père. Mes partenaires étaient semblables à ma mère, si exigeante, et ils avaient avec moi un comportement abusif identique à celui de ma mère à l'égard de mon père. Ma mère ne cessait de se lamenter que personne ne la comprenait. Que tout le monde était ligué contre elle et que mon père, si dévoué, se fichait pas mal d'elle. Rien de ce qu'il faisait n'aurait pu la faire changer d'avis. »

Si Rita décidait, pour tenter l'expérience, de s'engager dans une relation avec David, il était facile de prévoir quels problèmes surgiraient : sans le vouloir consciemment, elle passerait d'un rôle à l'autre au sein de son couple intérieur et les comportements pleurnichards et exigeants de sa mère ne se manifesteraient pas en son partenaire, mais probablement en elle. À son grand désarroi, elle constaterait que son comportement à l'égard de David ressemblait au détestable comportement de sa mère envers son père, ce qui aurait pour résultat que, pour la première fois, Rita ne s'aimerait pas autant qu'elle aimerait son partenaire. Son estime de soi en souffrirait.

Le test de sélection fournit à Rita les moyens de comprendre ce qui lui arrivait. Elle avait à chaque fois choisi un partenaire semblable à sa mère afin d'éviter de devenir elle-même comme sa mère. Inconsciemment, les amants sur lesquels elle jetait son dévolu correspondaient au rôle de partenaire intérieur de sa mère, ce qui maintenait Rita dans la position de celle dont ses partenaires abusaient, tout comme son père avait été abusé par sa partenaire.

« Si mon comportement avec David ressemble un tant soit peu à celui qu'avait ma mère à l'égard de mon père, je me tue », me dit Rita lorsque je l'informai du changement temporaire de modèle qu'elle risquait de vivre. Cependant, si elle acceptait de relever le défi, je voulais qu'elle s'entraîne volontairement à pratiquer les comportements de sa mère dans sa relation avec David.

« Vous voulez dire que pour mettre fin à la transe je devrais me comporter comme ma mère et la comprendre de l'intérieur ? Mais je ne suis pas obligée de continuer par la suite, n'est-ce pas ? Peut-être que David me tuera en fin de compte. Et il en aurait tous les droits. Ma mère était épouvantable. Il va falloir que je fasse quelque chose si je dois jouer son rôle. Je ne peux pas supporter l'idée d'être elle de la manière dont elle l'était. »

Il était en réalité plus facile pour Rita d'essayer de modifier les tendances abusives de sa mère en jouant son rôle dans le couple que de modifier ces mêmes tendances chez son partenaire, ce qui était précisément ce que Rita avait tenté de faire dans sa relation précédente.

À la différence de Lorraine que nous avons vue dans un précédent chapitre, Rita était prête à assumer sa mère comme modèle d'adulte et à la changer au lieu de choisir des partenaires ressemblant tous à sa mère et d'essayer de les faire changer. En passant consciemment d'un modèle à l'autre, Rita réussirait à se libérer de la suggestion post-hypnotique gravée en elle. Auparavant, elle ne pouvait choisir que des partenaires qui ressemblaient à sa mère afin de pouvoir elle-même jouer le rôle de son parent préféré. Rita agissait comme son père avait lui-même agi au cours de son mariage. Il avait choisi une partenaire malheureuse et avait ensuite tenté de la rendre heureuse. Ce jeu s'appelle la codépendance. Rita, tout comme son père, s'était efforcée d'aimer ses partenaires suffisamment pour qu'ils se sentent compris. Elle cherchait à faire tout ce que son père avait essayé de faire durant sa vie de couple avec sa mère sans jamais y parvenir.

Quant à David, il représentait le partenaire idéal pour Rita, qui voulait changer de modèle, parce qu'il était différent de ses précédents petits amis.

En choisissant David, elle m'indiquait que certains changements dans son schéma amoureux avaient déjà eu lieu parce que le couple intérieur du jeune homme était différent du sien. Les parents de David ne formaient pas un couple de partenaires contraires. Ils étaient très heureux et avaient beaucoup en commun. Il serait facile pour lui d'occuper la place du père aimant de Rita, c'est-à-dire le rôle d'adulte intérieur joué par Rita dans ses précédentes relations, tout simplement parce que les parents de David se ressemblaient : il lui était ainsi naturel de *ne pas* abuser de sa partenaire.

Rita fit pour la première fois l'expérience d'occuper la place de sa mère dans son interaction avec David et put ainsi s'interroger sur ce qu'avait ressenti sa mère dans sa relation d'adulte à adulte avec son père possessif. Certains des traits de caractère négatifs de son père qu'elle n'avait pas eu conscience d'avoir en elle tant que ce dernier avait représenté son adulte intérieur se manifestèrent chez David et exaspérèrent Rita qui, pour une fois, jouait le rôle de sa mère. Certains des aspects de la personnalité de sa mère que Rita avait réprouvés prirent une connotation positive à mesure que la jeune femme comprenait mieux, de l'intérieur, les réactions de sa mère. En dévoilant les caractéristiques positives du caractère de la mère qu'elle avait détestée et les points négatifs de celui du père qu'elle avait tant aimé, Rita avait neutralisé la suggestion post-hypnotique et desserré l'emprise inconsciente de ses parents sur ses relations futures.

EXERCICE

Notez cinq points négatifs dans la personnalité de votre parent préféré et cinq points positifs dans celle de votre autre parent afin de changer de perspective. Voyez vos parents comme les adultes qu'ils étaient l'un envers l'autre et non comme les parents qu'ils étaient envers vous.

La suivante perpétuelle

Examinons chacune des histoires d'Olga depuis son divorce il y a sept ans. Il y en avait eu sept, trois avec des hommes mariés et quatre avec des célibataires. Reprenant la description qu'elle avait faite des trois hommes avec qui elle était sortie en dernier, Olga se rendit compte qu'il s'était à chaque fois agi d'hommes mariés, comme l'avaient été les petits amis de sa mère. Les amants d'Olga étaient restés mariés et n'avaient rompu avec elle qu'à partir du moment où « les choses avaient commencé à devenir sérieuses ». Le dernier en date, Alain, avait quant à lui quitté sa femme pour Olga, mais celle-ci avait mis fin à leur histoire au bout de trois mois.

« Ça ne se passait pas comme prévu, dit-elle. Lui qui était si intéressant s'était mis à dépendre toujours plus de moi. Il voulait me voir tout le temps. Je me suis sentie envahie. J'avais imaginé que j'adorerais l'avoir près de moi, mais je ne pouvais plus supporter sa présence. » Que s'était-il donc passé ?

Célibataire et de nouveau disponible, Alain ne correspondait plus au schéma de couple intérieur d'Olga. Réussir à ce que son amant la fasse passer en premier avait toujours constitué pour la jeune femme, qui avait pris sa mère pour modèle d'adulte intérieur, l'objectif inatteignable qu'elle s'était fixé. Elle était en effet née de la liaison d'une femme célibataire avec un homme marié et n'avait aucun souvenir que sa mère ait jamais obtenu de ses partenaires qu'ils la fassent passer en premier. Il ne lui était resté que l'attente. Le moi-adulte intérieur d'Olga s'était habitué à attendre qu'on la demande en mariage, pas à ce que cela se produise. Sa mère avait toujours été seule et ne s'était jamais mariée.

Programmée pour ne jouer, comme sa mère, que le rôle de la maîtresse, Olga n'avait d'autre choix, dès lors qu'on voulait l'épouser, que de mettre un terme à la relation. Sa mère avait toujours fait passer son partenaire en premier alors que ce dernier la mettait après sa femme. Tel était le spectacle des impératifs du couple intérieur qu'Olga avait eu tous les jours sous les yeux. Son père avait fini par quitter sa mère. De ce fait, le schéma relationnel dont avait hérité Olga exigeait qu'elle soit avec un homme qui ne la fasse pas passer en premier. Quant Alain avait voulu changer la donne, le couple intérieur gravé en elle l'avait conduite à quitter son amant puisque lui ne voulait pas rompre. Perpétuelle célibataire, Olga avait pleuré à l'image de sa mère autrefois lorsque tout allait mal pour elle.

J'interrogeai Olga sur les hommes non mariés avec lesquels elle était sortie. Je connaissais la réponse avant même qu'elle ne parle, mais nous passâmes en revue chacune de ses relations, comme nous l'avions fait pour les hommes mariés. Le schéma devint apparent : Olga était passée d'un modèle à l'autre. Dans tous les cas, la personnalité et le comportement de ces célibataires disponibles s'étaient avérés proches de ceux de la mère d'Olga, elle aussi célibataire et disponible. Cette dernière était devenue son modèle de partenaire intérieur et son père son modèle d'adulte intérieur. Mais dès qu'Olga avait couché avec son ami ou que l'histoire commençait à devenir sérieuse, elle rompait comme son père avait rompu avec sa mère lorsque celle-ci s'était retrouvée enceinte.

« C'est absolument incroyable, s'exclama la jeune femme. Je comprends pourquoi toutes mes relations finissaient toujours de la même façon. Jamais je n'avais imaginé que je pouvais être en transe. Mais comment mettre fin à tout ce gâchis maintenant ? Je ne veux pas que mes relations ressemblent de près ou de loin à celle de mon père *ou* de ma mère avec leurs différents partenaires. »

Olga se mit d'abord dans la peau de sa mère pour s'entraîner à choisir consciemment des partenaires disponibles. Puis, toujours dans le rôle de sa mère, elle répondit de manière positive à l'amant qui voulait l'épouser. Enfin, elle interpréta son père sous les traits d'un célibataire disponible et attentionné envers sa mère. C'était un scénario tout à fait inédit, mais il fournit à l'enfant intérieur d'Olga de nouveaux exemples de couples intérieurs.

« J'aurais eu besoin que mes parents s'aiment comme ceux des autres enfants. La vie aurait été tellement plus simple si j'avais eu sous les yeux deux exemples positifs. Cela m'a fait du bien d'imaginer que ma mère tombait pour changer sur un homme gentil et célibataire et qu'elle restait avec lui. Vous savez, l'inefficacité de mes schémas de fonctionnement me semble tellement évidente à présent. Autrefois, je ne pensais à la direction que je prenais qu'à partir du moment où la relation était terminée. Cela me semble idiot aujourd'hui. J'ai souvent laissé la passion décider à ma place et, lorsque la passion faiblissait, je m'éclipsais comme vous savez qui. »

Les modèles alternatifs

Si vos partenaires actuels ou passés ne ressemblent à aucun de vos parents biologiques, voyez si par hasard ils ne se rapprocheraient pas d'autres adultes qui auraient vécu chez vous quand vous étiez enfant : le conjoint d'un parent, un beau-parent, un grand-parent, une tante, un oncle, une sœur aînée et son mari, un grand frère et sa femme, une baby-sitter ou une nounou.

Les adultes qui se trouvaient dans l'environnement dans lequel vous évoluiez ont eu l'impact le plus significatif sur votre inconscient et ont peut-être formé un modèle de partenaire et d'adulte intérieurs alternatif qui est intervenu en plus de vos propres parents.

Les adultes qui ont traversé votre vie après vos dix ans ont eu un impact moins significatif, mais ils ont pu cependant devenir aussi un modèle alternatif de partenaire intérieur.

Vous pouvez utiliser le tableau qui suit pour décrire votre famille d'origine de dix à seize ans – les années d'adolescence pendant lesquelles ce qui s'imprime a sur vous un effet qui, bien que moindre, demeure important.

Tableau du

2. Décrivez le parent de sexe féminin (ou la belle-mère, la petite amie de votre père, la tante, la grand-mère, la nourrice, la domestique, etc.) dans son rôle d'adulte quand vous étiez enfant ou adolescent :

8. Décrivez la relation e ces deux adultes quand étiez enfant ou adolescent

6. Décrivez la relation entre ce personne de sexe féminin et l'enfant ou l'adolescent que vous étiez :

4. Décrivez cette personne de sexe féminin dans son rôle de parent quand vous étiez enfant ou adolescent :

1. Décrivez l'enfant (de 10 ans) ou l'adolescent (ju 16 ans) que vous étiez :

rnatif

3. Décrivez le parent de sexe masculin (ou le beau-père, le petit ami de votre mère, l'oncle, le grand-père) dans son rôle d'adulte quand vous étiez enfant ou adolescent :

7. Décrivez la relation de cette personne de sexe masculin et l'enfant ou l'adolescent que vous étiez :

5. Décrivez cette personne de sexe masculin dans son rôle de parent quand vous étiez enfant ou adolescent :

EXERCICE

Si d'autres adultes ont vécu avec vous pendant un certain temps avant vos seize ans, remplissez le tableau du choix alternatif ci-dessous. Décrivez chacun d'entre eux comme les adultes qu'ils étaient alors. Décrivez aussi la relation qui unissait vos parents à cette personne.

Décrivez la relation que vous aviez avec chacune des personnes qui habitaient chez vous. Quel âge aviez-vous quand elles se sont mises à représenter un modèle alternatif de couple intérieur ?

Marquez d'un signe (+) ou d'un signe (–) le nom de chacun pour qualifier les premiers souvenirs et relations que vous avez eus avec eux.

Cochez le nom de l'adulte qui avait votre préférence dans ce modèle alternatif de couple intérieur. Il est possible qu'il ait changé depuis votre petite enfance.

À la page de votre histoire familiale alternative (qui suit le tableau), décrivez les souvenirs que vous avez de cette famille – de votre naissance jusqu'à vos dix ans, et/ou pendant votre adolescence, surtout s'il y a eu des changements, à savoir le décès de l'un de vos parents, un divorce, un abandon, etc.

Exercice sur l'histoire familiale alternative

CHAPITRE VII

Travaux pratiques

La part d'ombre

Pour réussir à reprogrammer son couple intérieur, il est capital d'expérimenter ce que pouvait signifier pour votre modèle de partenaire intérieur le fait de vivre avec votre modèle d'adulte intérieur. C'est ce qu'illustrent les deux exemples qui suivent. Dans les deux cas, les partenaires ont dû jouer le rôle de leurs parents plusieurs fois afin de modifier la programmation de leur couple intérieur.

Jouer le rôle de son modèle de père-partenaire intérieur, qu'elle détestait, avait profondément bouleversé Stéphanie, quarante ans. La semaine précédente, je lui avais donné des « devoirs » à faire à la maison et elle n'avait rien fait. Elle était censée imaginer la personne qu'elle aurait choisie comme épouse si elle avait été son père à vingt et un ans. Ce dernier n'était pas son parent préféré – c'était sa mère, qui formait aussi son adulte intérieur.

« Cela m'est venu d'un coup. Ce n'est pas l'idée d'être mon père qui m'a toujours empêchée de me lancer dans une relation durable, mais celle d'être mariée à quelqu'un qui m'ignore comme ma mère ignorait mon père. Maintenant que je prends le temps d'y penser, ma mère était adorable avec nous, ses enfants, mais horrible avec lui. J'y vois plus clair aujourd'hui. Je n'ai eu que deux options. Me conduire comme elle ou comme lui. Ma mère avait un côté glacial. Mais je préfère encore me replier sur moi comme elle plutôt que d'être ignorée comme il l'a été. »

Michel, le petit ami et partenaire intérieur de Stéphanie, se trouvait dans une transe analogue qu'il refusait de reconnaître. « La mère de Stéphanie et la mienne sont semblables. Puisque Stéphanie ressemble en tous points à ma mère, elle est mon partenaire intérieur, non ? Mon père et son père sont aussi semblables. Mais je n'ai rien à voir avec mon père ! Ce n'est vraiment pas possible. » Michel était de toute évidence incapable de voir qui était son modèle d'adulte intérieur.

Comme la plupart des gens, il était plus clairvoyant quand il s'agissait de sa partenaire que de lui-même. Il se refusait à reconnaître en lui la part qui avait trait à son père-adulte intérieur et qui surgissait sans crier gare dans sa relation avec Stéphanie. Celle-ci n'avait quant à elle aucune difficulté à voir en quoi la personnalité et le comportement de Michel ressemblaient à ceux de son père.

Je demandai à Michel de reprendre son test de sélection pour noter la description qu'il avait donnée de la relation d'adultes entre ses parents, et retrouver une occasion dans sa propre vie où il avait lui-même exprimé envers Stéphanie chacun des traits de caractère de son père.

« Ce n'est pas juste, me dit-il en comprenant quel résultat il obtiendrait. C'est un piège. Vous avez vu ce que j'avais écrit ! » Sans aucun doute !

Examinons maintenant la résistance exprimée par Julie à sa part d'ombre, ce modèle opposé et complémentaire inconscient qui la guidait dans le choix de ses partenaires. Elle en était à sa troisième séance et n'avait pas encore fait le travail que je lui avais assigné lors notre première rencontre, travail qui consistait pour elle à écrire l'histoire de la relation de ses parents pendant sa petite enfance.

« Ma mère pense qu'elle est parfaite et que tous les autres ont tort. Elle est persuadée d'avoir toujours raison. J'en ai assez de m'expliquer tout le temps avec elle, pendant les séances de thérapie et après », me dit Julie pour se justifier de n'avoir pas fait ses devoirs.

Ce à quoi nous résistons perdure. Je voulais que Julie mette en scène son père et sa mère se parlant et non son moi-enfant intérieur parlant à sa mère. Je n'avais pas l'intention de revenir sur la relation de Julie avec l'un ou l'autre de ses parents. Le couple intérieur parental avait formé une empreinte relationnelle négative sur laquelle les précédentes thérapies suivies par la jeune femme avaient toutes négligé de se pencher. Ce schéma de couple intérieur constituait un précédent qu'elle répétait de manière problématique dans son propre mariage.

« À quoi cela servirait-il de parler à mes parents aujourd'hui ? » me demanda Julie alors que nous nous étions assises pour discuter de son histoire relationnelle. Mais la non-communication, les sentiments cachés et les longs silences caractérisaient aussi les relations de Julie avec son mari et son enfant. Je comparai ces relations avec son test de sélection et ne fus pas surprise de découvrir que la distance émotionnelle que Julie témoignait envers ses proches correspondait à un schéma relationnel hérité qui lui avait été transmis par son modèle d'adulte intérieur. Pourtant, Julie se refusait à le reconnaître. « Je suis d'accord sur le fait que mon mari possède de nombreux points communs avec mon père, mais je n'ai rien à voir avec ma mère, cette bonne à rien », insista-t-elle.

C'était tout à fait improbable ! Julie, comme nous tous, ressemblait beaucoup à ses deux parents et plus particulièrement à l'un d'entre eux. Dans ce cas précis, ses dénégations face à son propre comportement mettaient en évidence qu'elle était semblable à sa mère dans sa relation de couple.

Comme elle, la plupart de mes clients voient facilement auquel de leurs parents ressemble leur partenaire. Cependant, ils ne peuvent ou ne veulent en général pas admettre leur propre ressemblance avec leur adulte intérieur si ce modèle ne correspond pas à leur parent préféré. Le test de sélection permet justement, grâce à la description de votre adulte intérieur au moment de la période de conditionnement (de la naissance à dix ans), d'identifier les suggestions post-hypnotiques que vous avez subies. Le monodrame offre la possibilité de savoir ce que ressentait alors le parent qui forme votre modèle d'adulte intérieur en vous faisant vivre les sentiments qu'il ou elle a gravés en vous et qui étaient à l'époque identiques aux vôtres aujourd'hui.

LE SYSTÈME PSYCHOGÉNÉTIQUE

GUIDE DE RÉFÉRENCE DU TABLEAU DE L'HISTOIRE DE VOTRE ENFANCE (p. 14-15)

L'enfant intérieur (section 1). Il représente la part inconsciente de votre personnalité qui garde en mémoire tous les souvenirs et les sentiments que vous aviez lorsque vous étiez enfant. La description que vous faites de vous enfant indique le niveau de votre *estime de soi* à l'âge adulte et permet de prévoir comment vous réagirez sous l'effet du stress.

L'adulte intérieur (sections 2 ou 3). Il s'agit du type de partenaire que vous avez été programmé à incarner dans votre propre relation de couple. Le parent auquel vous ressemblez le plus à l'âge adulte a formé votre *modèle d'adulte* et permet de prévoir votre *destin*. La description que vous donnez de cette personne révèle la personnalité adulte latente qui se cachait en vous depuis l'enfance et l'*image de soi* qui est la vôtre à l'âge adulte.

Le partenaire intérieur (sections 2 ou 3). Il s'agit du type de partenaire que vous avez été programmé à choisir dans votre relation de couple. Celui de vos parents auquel votre partenaire ressemble le plus forme votre *modèle de partenaire* et permet de prévoir votre *type*. Sous l'influence de la suggestion post-hypnotique de votre enfance, vous êtes attiré par – et vous recherchez – un partenaire qui présente les caractéristiques de ce type, et vous êtes incité à trouver un partenaire semblable à celui que le parent qui forme votre modèle d'adulte avait lui-même trouvé.

Le parent intérieur (sections 4 ou 5). Il s'agit du type de parent que vous avez été programmé à être en suivant l'exemple de votre modèle d'adulte. Si votre mère (ou parent de sexe féminin) est votre modèle d'adulte dans le tableau (section 2), alors la section 4 forme votre parent intérieur et la section 6 (relation mère-enfant) représente votre dialogue intérieur. Cependant, si votre père (ou parent de sexe masculin) constitue votre modèle d'adulte (section 3), alors la section 5 est votre parent intérieur et la section 7 (relation père-enfant) représente votre dialogue intérieur.

Le dialogue intérieur (sections 6 ou 7). C'est la manière dont vous vous parlez à vous-même, dont vous ressentez ce que vous ressentez, et en particulier ce que vous vous dites sous la pression du stress. La description que vous avez faite de votre relation d'enfant avec votre adulte intérieur-parent intérieur correspond à la façon dont vous vous parlez à vous-même aujourd'hui.

Le couple intérieur (section 8). C'est votre modèle inconscient de relation adulte. La description que vous avez faite des premières interactions d'adulte à adulte entre vos parents révèle la programmation de vos propres relations d'adulte à adulte, du choix du partenaire à la solution. À l'âge adulte, vous avez comme objectif inconscient de recréer la relation parentale, quel que soit le rôle d'adulte qui est le vôtre à ce moment-là.

Difficile de lâcher prise

« J'ai oublié au bureau les devoirs que vous m'aviez donnés à faire. Je me suis arraché les cheveux pour les faire et puis j'ai été incapable de remettre la main dessus. Je dois sans doute offrir une certaine résistance à l'idée de modifier la programmation de mon couple intérieur », me dit Dorothée en arrivant avec vingt minutes de retard à sa quatrième séance.

Gagné ! C'est l'une des raisons pour laquelle je donne à mes clients des travaux pratiques à faire – afin d'évaluer leur degré de résistance à l'idée d'abandonner un ancien mode de fonctionnement pourtant inefficace. Lorsque des solutions alternatives à leurs problèmes relationnels n'ont pas été programmées, les gens s'accrochent au modèle parental qui paraît sécurisant. Cela leur permet de savoir comment agir sous le stress.

Nous étions en train de redessiner les schémas de la relation de couple de Dorothée qui avaient été façonnés d'après les relations négatives de ses parents. La jeune femme, tout comme sa mère-adulte intérieur, était malheureuse en ménage depuis son mariage et avait tenté d'amener son mari à changer au lieu d'accomplir un travail sur elle-même. C'est une attitude très répandue et totalement stérile. Je lui enseignai une meilleure méthode.

Le seul moyen que j'aie trouvé pour faire changer votre partenaire est de vous faire changer vous-même, et pour y arriver le mieux consiste à modifier les souvenirs que vous avez de votre précédent adulte soumis à la pression du stress. Alors, habitée par un adulte intérieur meilleur, Dorothée enverrait des signaux différents et son partenaire serait amené à avoir de nouvelles réactions. J'étais convaincue qu'elle ne voulait pas entendre cela.

« Enfant, je voulais que ma mère reste avec mon père. Après son départ, je voulais qu'elle revienne vers lui. Je priais toutes les nuits pour qu'elle ne le quitte pas. Maintenant que je suis moi-même adulte, je m'aperçois que je ne suis plus capable de rester dans une relation à moins que tout ne marche comme sur des roulettes. Et j'ai envie de rompre au moindre signe de désaccord. On dirait que j'ai dans l'idée de faire comme ma mère, non ? » risqua Dorothée.

Après trois ans de mariage, elle pouvait tout aussi bien avoir tort que raison. Je lui dis que l'impatience qu'elle manifestait devant tout ce qui n'était pas parfait était sans doute la raison pour laquelle sa mère avait quitté son père à l'époque. C'était maintenant au tour du mariage de Dorothée d'être en péril et je ne voulais pas qu'elle suive les traces de sa mère. Au lieu de baisser les bras et de partir, je souhaitais qu'elle fasse évoluer son modèle maternel et apprenne à rester pour résoudre les problèmes relationnels qu'elle avait avec son mari.

« Mes amis me disent que j'ai peur de m'engager, ajouta-t-elle. Rien d'étonnant ! Mon père était entièrement dévoué à ma mère, ce qui n'a pas empêché celle-ci de le quitter. Elle s'est ensuite installée avec ce type qui passait son temps à se mettre dans des colères épouvantables, mais cette fois elle n'a pu se résoudre à le quitter. »

Nous avons installé trois chaises : l'une pour sa

mère, l'autre pour son père et la troisième pour l'enfant Dorothée qui les regardait. Passant en revue tous les stades des deux relations de sa mère, nous avons commencé par créer de faux souvenirs positifs – dans lesquels nous sauvions le mariage de la mère et du père de Dorothée.

Jouant le rôle de sa mère, qui était son modèle d'adulte intérieur, Dorothée dit à son père : « Franck, j'ai décidé de ne pas te quitter pour Édouard. Je crois que nous devrions commencer une thérapie de couple pour apprendre à résoudre nos problèmes. Je t'aime. Je veux rester. »

Ensuite, Dorothée a joué sa mère déclarant à son amant : « Édouard, j'ai décidé de retourner vers mon mari. Je me suis rendu compte en thérapie que nous pouvions trouver une solution à nos problèmes relationnels et je crois que, pour le bien de ma fille, je ne devrais pas divorcer. »

Puis j'ai demandé à Dorothée de jouer son père disant à sa mère que non seulement il lui pardonnait de l'avoir quitté, mais qu'il était d'accord pour qu'elle revienne – à la condition qu'ils suivent une thérapie. Dorothée, qui s'était installée à la place de l'enfant, sourit en entendant les mots de son père. « C'est vraiment ce que j'aurais voulu entendre : qu'il acceptait qu'elle revienne après être partie vivre avec Édouard. Cela me rend si heureuse ! Maman était trop fière pour demander à papa de lui pardonner. Elle est restée avec son horrible petit ami plutôt que d'avouer à mon père qu'elle avait fait une erreur. Jamais elle n'aurait pu imaginer qu'il lui pardonnerait. Mais je vais imaginer qu'il l'a fait. »

Dorothée prit la place de sa mère et dit à voix

haute : « Franck, j'ai fait une erreur et je ne suis pas fière au point de ne pas le reconnaître. Je n'aurais pas dû te quitter. Je voudrais revenir si tu veux bien me pardonner. »

Nous étions en train de créer une réalité alternative dont Dorothée se souviendrait et qu'elle répéterait dans sa propre relation, sauvant ainsi son mariage.

Apprendre à pardonner

Cet exercice vous sera utile si vous avez des difficultés à passer au-dessus de souffrances vécues dans votre relation. Le simple fait d'identifier puis d'imaginer que vous obtenez exactement ce que vous voulez de votre partenaire crée en vous une réceptivité qui laisse une place pour le pardon. En imaginant que vous serez réunis dans le futur, vous provoquerez aussi en vous un grand désir d'abandonner le passé et de laisser entrer de nouvelles possibilités dans votre relation. Une pratique répétée de l'exercice vous permettra de créer une prédiction qui se réalisera.

EXERCICE

Que pourrait faire à l'avenir votre partenaire pour que vous lui pardonniez ?

Imaginez qu'il (elle) le fasse et racontez par écrit ce qui se passe.

Lisez ce récit à voix haute.

Installez trois chaises vides, l'une pour vous, l'autre pour votre partenaire et la troisième pour lui (elle) dans le futur.

Asseyez-vous sur votre chaise et regardez votre partenaire assis(e) sur la « chaise du présent ». Observez-le (la) se lever pour s'installer sur la chaise de l'avenir. Regardez son visage pendant qu'il (elle) dit les mots que vous voulez entendre.

Jouez son rôle pendant qu'il (elle) dit cela.

Répondez comme vous l'auriez fait si votre partenaire vous avait vraiment parlé ainsi.

Qu'auriez-vous éprouvé en entendant ces paroles ?

Mettez-vous à la place de votre partenaire : ressentez ce qu'il (elle) aurait ressenti s'il (elle) avait prononcé ces mots, et écoutez votre réponse.

Répétez cette histoire à voix haute trois fois de suite au passé comme si vous étiez déjà dans l'avenir et que le pardon et la réconciliation aient déjà eu lieu.

Note : cet exercice fonctionne aussi très bien si vous avez besoin de vous pardonner à vous-même quelque chose.

Transformer ses souvenirs

Les exercices de reformulation ont été très utiles à de nombreux clients. Veillez à réécrire votre histoire familiale comme vous auriez aimé qu'elle soit. Assurez-vous qu'elle se termine bien.

Guy trouva l'idée tellement bonne qu'il remonta deux générations en arrière, modifiant les souvenirs de sa famille et réécrivant l'histoire de sa grand-mère et de son grand-père : il imagina pour la première fois ce qui se serait passé si sa grand-mère avait été capable d'exprimer son affection à son mari et à son fils, son propre père : « Mon grand-père n'aurait peut-être jamais eu de liaison et mon père ne serait peut-être jamais devenu l'homme froid et incapable de manifester son amour qu'il a été, à l'image de ma grand-mère. Je pourrais même aller un peu plus loin dans mon nouveau scénario. Mon père n'aurait alors pas choisi une femme telle que ma mère, envers qui il n'a jamais témoigné ni chaleur ni affection. Elle a fini par le tromper, tout comme le père de mon père en son temps. Vous me suivez ? Si ma grand-mère avait été affectueuse, tout aurait pu être différent par la suite. »

Guy écrivit ensuite de nouveaux souvenirs de son père et de sa mère et les lut à voix haute avant que nous ne les interprétions dans le cadre d'un monodrame. Ces nouveaux souvenirs commençaient ainsi : « En général, mon père se mettait à hurler contre ma mère par pure méchanceté. Elle restait assise à pleurer. Un jour, alors que j'avais huit ans, quelque chose d'étrange se produisit. Ma mère réussit à redresser la tête et envoya balader mon père. « Tu n'as pas le droit de me critiquer comme tu le fais, lui dit-elle. J'en ai assez. Tais-toi ou va-t-en. » Mon père en resta bouche bée. Je ne crois pas qu'il comprenait ce qui lui arrivait. Il demeura silencieux un long moment avant de s'excuser et de prononcer les trois mots que je n'aurais jamais imaginé l'entendre dire à quiconque de toute sa vie : "Tu as raison." Ce fut un grand jour dans l'histoire de ma famille. »

Après avoir mis en scène cette histoire inventée,

je demandai à Guy de la redire tout haut afin de la faire passer de son imagination, située dans son cerveau droit, à sa mémoire, située dans son cerveau gauche. « C'est comme si j'avais de nouveaux souvenirs de mon grand-père et de ma mère, me dit-il. Je souris en revoyant ma grand-mère et mon père adresser pour une fois à leurs conjoints des compliments au lieu de leurs critiques habituelles. C'est comme si cela avait vraiment eu lieu. J'aurais tellement aimé que ce soit le cas. J'ai toujours pensé que mon aventure avec Gaëlle avait été programmée en moi tant par l'exemple de mon grand-père que par celui de ma mère. Je me suis vraiment demandé pourquoi je suis allé faire l'idiot alors que je savais parfaitement que cela me coûterait mon mariage. Est-ce que le travail que je fais ici aura des conséquences sur ma relation avec ma femme ? Malheureusement, je ne peux pas revenir sur la liaison que j'ai eue et mon mariage est au bord du gouffre. »

Au cours de la séance suivante, je demandai à Suzanne, la femme de Guy, de réécrire l'histoire de ses parents. Le couple qu'ils formaient correspondait à celui des parents de Guy. Sa mère, une femme méchante et colérique, était son modèle d'adulte intérieur et son père, seul et triste, son modèle de partenaire. Guy représentait son père dans le couple intérieur de Suzanne. Dans le nouveau script qu'elle élabora, sa mère se mit à se disputer avec son père, mais au lieu de tourner les talons comme il le faisait d'habitude, celui-ci lui répondit : « Cela suffit. C'est fini. J'en ai plus qu'assez de ta rage. Va-t-en d'ici et ne reviens que lorsque tu seras une épouse et une mère aimante. »

Suzanne décrivit son départ pour l'école ce

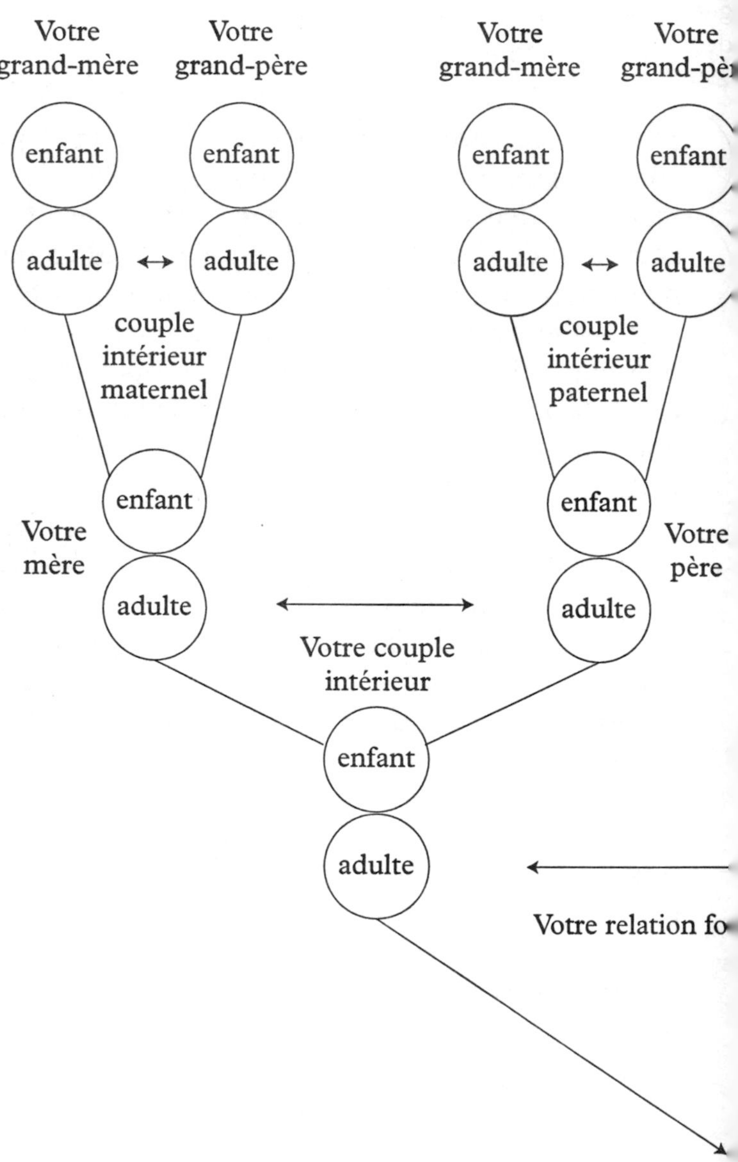
Votre
grand-mère
Votre
grand-père
Votre
grand-mère
Votre
grand-pè
enfant
enfant
enfant
enfant
adulte
adulte
adulte
adulte
couple
intérieur
maternel
couple
intérieur
paternel
enfant
Votre
mère
adulte
enfant
Votre
père
adulte
Votre couple
intérieur
enfant
adulte
Votre relation fo

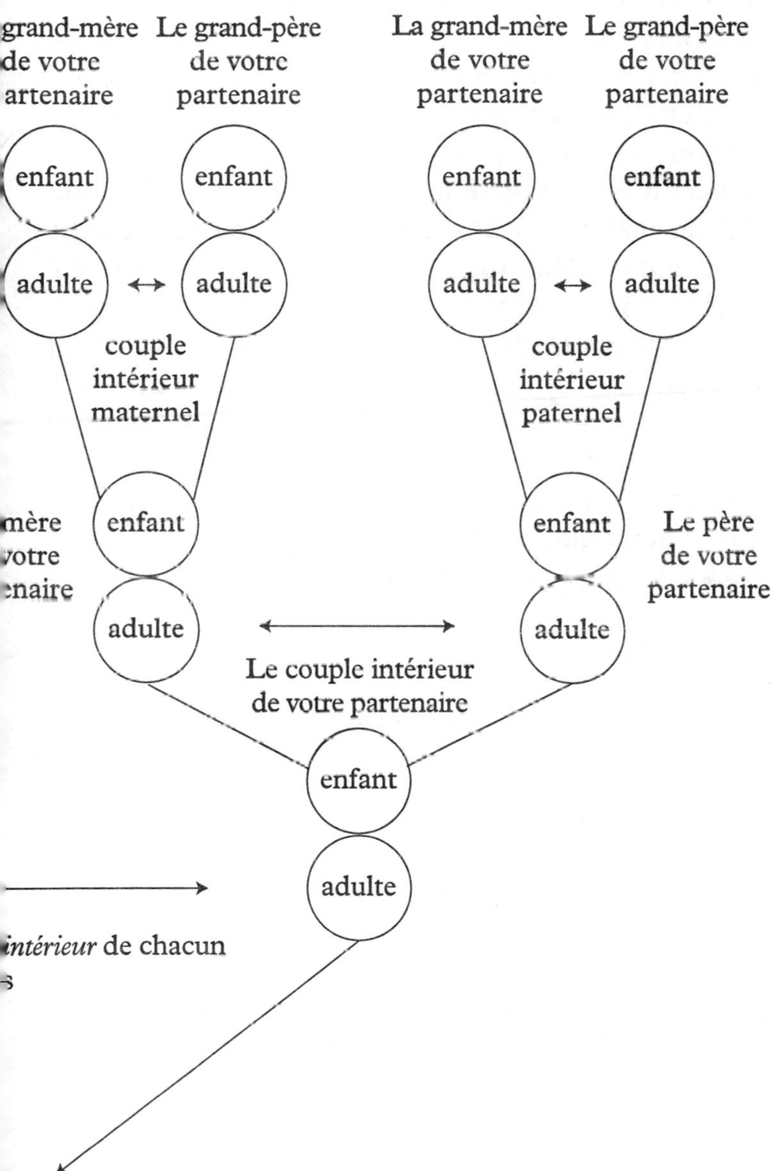

intérieur de chacun

matin-là. À son retour, sa mère-adulte intérieur pleurait. « Quand je suis arrivée, je l'ai entendue déclarer à mon père qu'elle l'aimait et qu'elle ne voulait pas le rendre malheureux. Il accepta de lui donner une dernière chance. À partir de ce moment-là, elle a arrêté de rouspéter à tout propos et s'est mise à sourire et à manifester son affection. J'ai du mal à y croire, connaissant ma mère, mais c'est encore plus difficile de ne pas y croire. Le souvenir de cette histoire m'aide à trouver du réconfort et me donne des indications sur la manière dont je dois me conduire avec Guy et les enfants à l'avenir. Je ne veux pas qu'il me quitte pour cette autre femme. Je veux qu'il reste. Voilà comment finit mon histoire. Je sais que ce n'est pas vrai, mais c'est mieux que le scénario de couple intérieur que j'ai eu sous les yeux pendant toute ma vie. »

EXERCICE

Réfléchissez aux relations de vos grands-parents (maternels et paternels) et prenez la mesure de l'impact qu'ont eu ces deux couples intérieurs sur vos parents. Que savez-vous de ces relations de couple et en quoi ressemblent-elles à celle de vos parents et à la vôtre ?

Réécrivez les relations de chacun de vos grands-parents de façon à ce que vos parents grandissent dans un environnement positif, entourés de modèles aimants.

Dites de quelle manière vos parents auraient alors été différents.

Élaborer de faux souvenirs positifs

Alice était entrée dans mon cabinet en sanglotant. Je connaissais déjà son histoire familiale. Sa mère avait fait une dépression lorsque son père l'avait quittée. La petite fille n'avait alors que cinq ans. C'était maintenant au tour du mari d'Alice, Zacharie, d'avoir claqué la porte. Âgée aujourd'hui de vingt-quatre ans, la jeune femme avait un fils de cinq ans. Je ne voulais pas que l'histoire se répète et je passai une heure à la calmer.

« C'est exactement ce que mon père a fait à ma mère », dit-elle en pleurant.

J'avais demandé à Alice de travailler sur une reprogrammation de sa mère-adulte intérieur pour qu'elle ait une réaction différente de celle sa mère autrefois.

Je lui donnai des devoirs de psychogénétique à faire à la maison pour la prochaine séance :

« Rédigez trois scénarios. Dans le premier, votre mère cesse de se rendre malheureuse à cause du départ de votre père ; dans le deuxième, elle ne s'en rend jamais malheureuse ; et dans le troisième, votre père et votre mère réussissent à surmonter leurs difficultés relationnelles et finissent par s'entendre très bien par la suite.

– Je ne sais pas si j'en suis capable, me répondit Alice. Je n'arrive pas à imaginer ma mère ne se rendant pas malheureuse et encore moins mes parents sauvant leur mariage. »

C'était justement pour cette raison que je lui avais demandé d'imaginer de nouvelles réponses à un stimulus ancien. Dans *L'Intelligence émotionnelle*,

Daniel Goleman écrit que « la disposition émotionnelle génétique avec laquelle nous sommes tous nés ne doit pas nécessairement déterminer notre réponse émotionnelle à ce qui nous entoure ». C'est pourquoi les enfants à qui l'on donne des compétences sur le plan émotionnel et social réussiront mieux que d'autres à ne pas régresser vers les réactions au stress familières issues de leur environnement familial.

Quand Alice revint le lendemain, je lui demandai de jouer le rôle de sa mère et de son père, d'abord tels qu'ils étaient vraiment autrefois, puis trois fois tels qu'elle aurait aimé qu'ils fussent. Elle rejoua leur divorce en interprétant le rôle de sa mère se rendant la moins malheureuse qu'il lui avait été possible d'imaginer. Nous implantions ainsi trois nouvelles réactions d'adulte intérieur dans l'inconscient d'Alice, créant de cette manière des précédents comportementaux alternatifs aux situations de stress.

De fait, ces exercices mirent en place trois faux souvenirs positifs dans la mère-adulte intérieur d'Alice : la jeune femme était maintenant à même de faire face de manière positive aux situations problématiques qu'elle rencontrerait. Elle pourrait se remémorer sa mère ne se rendant pas malheureuse et réussissant à gérer son stress. Cela fit évoluer le comportement de son adulte intérieur tant dans son histoire passée que dans son histoire présente.

Si l'on ne modifie pas les suggestions post-hypnotiques héritées de ses parents, l'inconscient ne dispose d'aucune option alternative face au stress et, soumis à des situations nouvelles, il régresse vers des schémas qui ont été autrefois établis en soi.

Quand bien même la conscience voudrait réagir autrement, elle est alors incapable de générer une réaction positive. Il est déjà difficile de savoir comment modifier son propre comportement lorsque la situation n'est pas stressante ; il est encore plus difficile de réfléchir de manière rationnelle une fois pris dans la tourmente. Même compter jusqu'à dix relève de l'exploit. Sous le stress, le comportement du couple intérieur de vos parents surgit immédiatement sur l'écran de votre esprit. Aussi faut-il implanter une nouvelle réponse et créer un nouveau précédent parental sur cet écran. Ce qui pénètre dans l'inconscient jusqu'à l'âge de dix ans détermine ce qui resurgit par la suite dans le comportement de notre adulte intérieur. Sauf à le modifier nous-même.

Comme l'écrit Caroline Myss dans *Anatomie de l'esprit*, « l'énergie créative nous fait sortir de nos modèles de comportement, de pensée et de relations habituels ». C'était incontestable dans le cas d'Alice. Le simple fait d'avoir imaginé des scénarios positifs avait modifié du tout au tout sa réaction au stress.

Lors de la séance suivante, elle s'était beaucoup calmée et avait pris la décision de demander le divorce. « Vous savez, dit-elle, je n'ai jamais vraiment aimé Zacharie. Si je l'ai épousé, c'est parce que j'étais enceinte. Nous avons démarré sur de mauvaises bases. Ce fut aussi le cas de mes parents. Ma mère était enceinte lorsqu'elle s'est mariée. Je crois que le problème n'est pas que Zacharie me quitte, mais de l'avoir choisi comme mari. Nous n'avons jamais été heureux ensemble, mais nous étions incapable de nous l'avouer jusqu'ici. »

Les contraires s'attirent, puis se déchirent

Nathalie avait réussi professionnellement, mais n'avait pas connu le même succès dans sa vie personnelle : « Je finis toujours par blesser mes meilleurs amis, ceux qui sont le plus gentils, parce qu'ils veulent sortir avec moi et qu'ils ne m'attirent pas. Pire encore, les hommes qui m'attirent me rendent malheureuse. Toute ma vie, j'ai couru après des hommes avec lesquels je n'avais rien en commun.

» C'est comme cela depuis la classe de terminale. J'étais toujours attirée par les garçons qui se moquaient de moi. Je me souviens de la peine que j'ai ressentie la première fois, quand j'ai découvert que Manuel avait dit à ma meilleure amie qu'il la préférait à moi. Puis il l'a quittée exactement de la même façon. Les garçons qui voulaient que je sois leur petite amie ne me plaisaient pas. Moi, je tombais amoureuse des nazes, le genre de types à changer de copine chaque semaine. Je ne leur ai jamais dit la peine qu'ils me faisaient. Dieu sait pourtant si j'ai souffert ! Et aujourd'hui, voilà qu'à mon tour je rends les hommes malheureux, et de la même manière. J'ai beau ne pas le vouloir, c'est bien ce que je suis en train de faire à Antoine, mon meilleur ami : on passe vraiment du bon temps ensemble, on aime les mêmes activités et on rit sans arrêt, mais dès qu'il veut aller plus loin je prends la fuite.

» Ma mère m'a toujours dit que les contraires s'attiraient, qu'être avec un homme qui me ressemble serait monotone alors que quelqu'un de différent donnerait du piquant à ma vie. Aujourd'hui je me rends compte qu'il n'y a rien d'ennuyeux à être avec quelqu'un qui me ressemble, sauf si moi-même je suis ennuyeuse. En dépit de ma réussite professionnelle, je ne sais pas quoi dire quand je me retrouve seule avec un type et qu'on ne parle pas boulot. En général, on reste assis à fumer et on finit au lit. »

Je dis à Nathalie que c'est ce qui se produirait tant qu'elle choisirait des partenaires avec lesquels elle ne partageait rien, sauf le sexe. Elle s'ennuierait et n'aurait rien à leur dire.

Les parents de Nathalie n'étaient pas très communicatifs non plus et, d'après elle, ils exprimaient rarement leurs sentiments. En fait, dit-elle, ils n'avaient pas grand-chose en commun : « Ils ont commencé par une crise et n'ont pas bougé depuis. Je sais qu'ils ont dû se marier parce que ma mère était enceinte de moi. Je hais l'idée d'avoir été la raison pour laquelle ils sont restés ensemble. Et je hais aussi l'idée d'avoir dû me marier pour la même raison : je pense que mon mari m'aimait, mais moi non. Il ne me plaisait plus. Mon père a eu des liaisons pendant des années, et ma mère ne lui a jamais rien dit. Je crois qu'elle se fichait pas mal de savoir ce qu'il faisait et avec qui. Je ne suis pas restée avec mon mari suffisamment longtemps pour qu'il ait eu l'occasion de me tromper ou moi de le tromper. Mon mariage m'a ennuyée. »

Nathalie dut travailler sur sa programmation relationnelle originelle. Je notai que, dans ses liaisons à répétition, seul l'un des deux partenaires était impliqué ; l'autre s'en fichait. C'était à chaque fois des couples de contraires. La première tâche que je lui assignai fut de réécrire son histoire avec son petit copain de terminale. Je lui demandai de faire comme si elle avait dit à Manuel à quel point il l'avait blessée, afin de faire sortir les émotions qu'elle avait retenues et portées en elle depuis tout ce temps. Puis elle interpréta la scène dans le cadre d'un monodrame.

Je lui fis ensuite jouer le rôle de sa mère lui transmettant un nouveau message à propos des relations amoureuses. Nathalie imagina que sa mère lui déclarait lorsqu'elle avait sept ans : « Tu seras plus heureuse si tu es avec quelqu'un qui te ressemble. » Elle eut plaisir à se la représenter en train de s'habiller pour accompagner son père à une soirée. Puis sa mère lui dit combien son père et elle appréciaient les mêmes choses dans la vie.

Nathalie aima se souvenir que sa mère lui disait à quel point il était important qu'un couple partage les mêmes centres d'intérêt et les mêmes valeurs parce que cela rendait la vie intéressante. « Je sais bien que maman n'a jamais dit cela, mais ça me rend heureuse de l'imaginer. Ma mère s'ennuyait tellement avec mon père... Ça fait du bien de se souvenir d'au moins une fois où elle a été heureuse. Même si je dois l'inventer, je me sens mieux que de n'avoir aucun souvenir d'eux où ils s'amusaient », dit-elle.

Au cours de l'exercice suivant, Nathalie prétendit qu'Antoine était assis sur l'une des chaises et qu'elle lui disait qu'il ne l'attirait pas, mais qu'elle l'aimait et qu'il était son meilleur ami. Se fiant à mes indications, elle lui déclara qu'elle voulait qu'il l'aide à transformer son modèle de couple intérieur. Elle se rendait compte que c'était nécessaire si elle ne voulait pas se trouver une nouvelle fois dans les bras d'un homme avec qui elle n'aurait rien eu en commun. Nathalie me dit qu'elle avait peur d'avouer des sentiments aussi intimes à Antoine dans la vie réelle. « Il pourrait me prendre au sérieux, ajouta-t-elle. Et alors qu'est-ce que je ferais ? »

Je m'attendais à ce qu'elle me dise qu'elle ne voulait pas qu'Antoine tombe amoureux d'elle parce qu'elle finirait peut-être par le quitter ; au lieu de cela, elle m'avoua qu'elle avait peur de tomber amoureuse de lui et qu'il la quitte, tout comme son père avait fini par quitter sa mère. Le programme d'abandon était profondément enraciné en elle.

Je lui demandai de réécrire l'histoire de son père et de sa mère, de façon à ce qu'elle entende son père déclarer à sa mère qu'il avait changé son mode de fonctionnement et qu'il voulait être un mari attentionné et fidèle. Il lui demanderait de l'accompagner dans ses déplacements les plus intéressants.

Nous jouâmes cette scène lors de la séance suivante et Nathalie s'assit à la place de chacun de ses parents. Elle trouva cela formidable. Je lui demandai alors de prendre la place de son moi-enfant intérieur et de nous raconter les souvenirs qu'elle avait d'une époque où ses parents se témoignaient de l'affection : à partir de ce moment-là, son père avait emmené sa mère avec lui dans tous ses déplacements. Cette étape supplémentaire dans la reformulation de l'histoire imaginée était nécessaire au transfert du vœu de Nathalie de son cerveau droit à son cerveau gauche, siège de la mémoire. Cela créerait un précédent positif et implanterait en elle un espace où développer une relation amoureuse différente.

Puis, je demandai à la jeune femme de me raconter

à nouveau l'histoire, de mémoire, en faisant comme si tout s'était passé cinq ans plus tard. Elle se remémora ses parents toujours amoureux l'un de l'autre. De fait, ma suggestion avait créé un effet de dominos dans son modèle de couple intérieur. Le souvenir de ses souvenirs imaginés fit faire à sa mère-adulte intérieur un bond de cinq ans dans le temps et implanta cinq années de bonheur dans la programmation du couple intérieur de Nathalie. Cette empreinte interrompit sa recherche inconsciente d'un partenaire intérieur contraire à elle et la fit sortir de la transe transmise par son adulte intérieur.

« Est-ce que tous les contraires ont des problèmes relationnels ? me demanda-t-elle.

– Non, lui répondis-je. Sauf si leur parents en ont eu. »

Néanmoins, les plupart des couples formés de caractères contraires connaîtront davantage de conflits que ceux dont les partenaires se ressemblent. Les couples de semblables sont en général issus de parents qui étaient semblables eux aussi et le plus souvent partageaient les mêmes opinions. Leurs relations sont en principe moins conflictuelles. L'enfant de parents qui se ressemblent sur la plupart des points sera programmé à penser que tel est le mode de fonctionnement des couples.

Le fait est que les couples dont les parents se ressemblaient ont rarement besoin d'une thérapie de couple, non plus que les couples qui possèdent deux parents (+) et une relation (+). Cependant, à l'image de Nathalie, la plupart des gens n'ont pas eu de parents qui se ressemblaient (ou « + »), et par conséquent ne se sont pas vu transmettre des modèles de relations satisfaisants. À la question : « Que peut-on faire pour changer cela ? » je réponds, comme j'ai répondu à Nathalie : « Voyons d'abord ce qu'on peut faire pour changer vos parents. »

Nathalie poursuivit ses séances de psychogénétique pendant un mois. Puis elle partit en Europe avec Antoine. En arrivant pour la séance suivante, elle riait : « Nous nous sommes tellement bien entendus pendant le voyage que j'ai emménagé chez lui en rentrant. J'ai compris quel était notre problème. Nous nous ressemblions trop. Vous savez à quel point les tempéraments contraires au mien m'ont toujours attirée alors que je n'arrivais pas à m'entendre avec eux. Beaucoup de mes amis me ressemblaient, mais pas mes amants. Maintenant, j'ai envie d'être avec quelqu'un pour qui j'éprouve de l'affection. Sur le long terme, je serai plus heureuse avec un ami qu'avec quelqu'un qui m'attire simplement. Je sais bien que ce type de relation-ci ne me réussit pas. Pensez-vous que je sois guérie ? »

Elle était en tout cas sortie de sa transe et prête à mener une vie différente de celle de ses parents.

Telle mère, tel fils

La femme de Christian ressemblait à son père : exigeante, colérique et toujours par monts et par vaux. Le jeune homme avait beau travailler dur et jusqu'à tard le soir pour tenter de satisfaire ses exigences, elle en voulait toujours plus.

« Je continue d'essayer de la rendre heureuse, alors que nous sommes divorcés depuis deux ans.

Rien de ce que je fais n'y suffit. Je l'ai tellement aimée mais elle, jamais. » Christian émergeait lentement de sa transe et avait enfin trouvé quelqu'un qui se montrait attentionné à son égard. « À la différence du genre de femmes que je fréquente d'habitude, Cathy a l'air de vouloir passer beaucoup de temps avec moi, elle me fait la cuisine et elle est très facile de caractère », se vantait-il.

Pas son type habituel de petite amie. Les parents de Christian avaient des caractères contraires. Son père était un homme dur, ambitieux, exigeant et méchant, un dingue de travail qui accumulait les aventures. Il était toujours parti. Sa mère était une femme douce, soumise et tranquille qui ne sortait jamais de chez elle. Au bout de quinze ans de mariage, elle quitta son mari pour toujours. Après avoir été longtemps usée et abusée, elle commença une carrière à succès et se remaria avec un homme qui cette fois-ci lui était dévoué corps et âme.

En réalité, la mère de Christian endossa le rôle que son premier mari avait joué dans leur couple intérieur et choisit d'épouser un homme qui la traitait comme elle-même avait traité son prédécesseur. Jurant de ne plus jamais aimer quelqu'un autant, elle passa d'un rôle à l'autre et devint le partenaire dominant et obsédé par son travail, abandonnant le rôle subalterne à son second mari. C'était ce que Christian reproduisait aujourd'hui.

Il était intéressant de l'entendre parler du désir d'engagement de sa nouvelle petite amie : « Cathy m'adore, mais je ne partage pas ses sentiments. Je me sens coupable parce qu'elle en fait beaucoup pour moi et ne se plaint jamais. C'est dingue, elle devance même mes désirs. Mais je ne suis tout simplement pas amoureux d'elle. Je ne sais pas ce qui manque. »

Ce qui manquait, c'était l'abus. Pour dire les choses simplement, Christian était programmé pour une relation où l'un des partenaires use et abuse de l'autre, et tant que sa partenaire ne se comporterait pas de cette façon avec lui il ne se sentirait pas proche d'elle sur le plan inconscient. Le modèle relationnel ne lui serait pas familier. Le seul choix programmé dont il disposait pour faire face aux impératifs du couple intérieur familial était d'user et d'abuser de Cathy. C'était ce qu'il s'apprêtait à faire, sans pour autant très bien comprendre pourquoi.

« Je savais que j'avais tendance à choisir des femmes qui se servaient de moi. Mais qu'êtes-vous en train de me dire ? Que je veux quitter Cathy parce qu'elle est trop gentille avec moi, ou que je devrais la maltraiter si je veux rester avec elle ? C'est quand même une idée bizarre, mais c'est vrai que j'ai essayé de la mettre en colère plusieurs fois. Je ne la remercie pas pour ce qu'elle fait et je ne la traite pas gentiment. Elle m'a même dit l'autre fois que je me servais d'elle et que je la considérais comme faisant partie du décor. Mais je ne crois pas que je pourrais lui faire du mal. Elle m'aime trop. »

Je lui expliquai le cycle de l'abus. *Parvenu à l'âge adulte, l'enfant qui vient d'un couple intérieur abusif choisira un partenaire abusif, sera lui-même le partenaire abusif, sera avec un partenaire autodestructeur, ou s'autodétruira lui-même dans sa relation de couple.* Dans la mesure où le parent qui formait le modèle d'adulte intérieur de Christian avait été maltraité par son conjoint pendant qu'il était petit, et dans la mesure aussi où Cathy n'abusait pas de lui, Christian était inconsciemment forcé à ressembler à son père abusif. De plus, sa mère étant passée d'un rôle à l'autre lors de son second mariage, Christian ne pouvait envisager une relation amoureuse sans un bourreau et une victime. Sous le stress, il régresserait vers ce modèle familier de couple intérieur – sauf si nous lui implantions des souvenirs où ses parents se montreraient aimants et proches.

Christian écrivit cinq scènes dans lesquelles ses parents se montraient tendres l'un envers l'autre. Lors de la séance suivante, nous interprétâmes chaque scène au cours de monodrames. Le fait que Christian ait sur-le-champ imaginé ces possibilités témoignait de sa volonté d'abandonner le modèle négatif implanté par ses parents.

Pour changer le modèle inconscient qui était le sien, Christian n'avait d'autre solution que de modifier le couple intérieur qui s'était imprimé dans son esprit. À chaque fois qu'il réinterprétait une scène de tendresse appartenant au passé de ses parents, il reprogrammait son propre avenir avec sa partenaire.

Telle mère, telle fille

Karine était une personne très discrète, comme sa mère. Elle avait épousé un homme d'affaires extraverti beaucoup plus âgé qu'elle et, à trente-cinq ans, elle avait aujourd'hui deux enfants : un garçon et une fille. « À la maison, dit-elle, c'était papa qui commandait. Il menait une carrière professionnelle à succès et piétinait ma mère. Elle se conduisait comme une petite souris quand il était là. »

Karine avait un frère qui, d'après sa description, était aussi le chef chez lui. Leurs parents avaient divorcé au bout de quinze ans de mariage. Leur père s'était remarié, mais pas leur mère : « Mon mariage avec votre père m'a vaccinée contre toute envie de revivre un jour avec un homme », avait déclaré Gretchen, la mère de Karine. À la place, Gretchen s'était mise à vivre une relation tendre et durable avec un homme qu'elle connaissait depuis l'enfance. « Maintenant, quand j'en ai assez de ses demandes, je peux rentrer chez moi. »

Incapable de se faire entendre, Karine était programmée pour vivre la même chose que sa mère-adulte intérieur. Sauf si nous apprenions à son modèle d'adulte intérieur à montrer plus d'assurance, Karine, à l'image de Gretchen, n'aurait d'autre choix que de subir tous les désirs de son partenaire ou de le quitter.

Il fallait modifier la suggestion post-hypnotique, faute de quoi je pouvais prédire avec une quasi certitude que Karine se trouverait confrontée au divorce à peu près au même âge que sa mère. La jeune femme ayant conscience de suivre le même schéma relationnel que sa mère, qui formait son modèle d'adulte intérieur, depuis le choix du partenaire jusqu'à l'issue finale, elle fit appel à la psychogénétique pour sauver son mariage.

EXERCICE

Pensez à ce qu'aurait été la relation de vos parents (section 8) s'ils avaient été semblables. Imaginez d'abord qu'ils aient ressemblé tous les deux à votre mère, puis tous les deux à votre père.

Ensuite, imaginez que vos parents ressemblaient à un autre couple que vous avez aimé pendant votre enfance. Essayez de voir en quoi la programmation que vous avez subie dans l'enfance aurait été différente avec chacun de ces trois couples de parents.

Décrivez par écrit ces nouveaux modèles de couple.

Tel père, tel fils

« C'est comme si je me regardais dans un miroir. Mon père est – ou devrais-je dire : *était* – mon modèle d'adulte intérieur. Je peux voir mon ancien moi en lui. J'ai dû quand même changer, car aujourd'hui je ne peux plus supporter la manière dont il traite sa petite amie. Il pense qu'elle a un amant comme je pensais autrefois qu'Angéla avait une liaison. Il passe son temps à l'accuser de choses et d'autres. Moi aussi, j'étais jaloux. C'est toujours la même chose. J'imagine que je ne faisais que reproduire ce qui me venait naturellement. Papa raconte que son père se montrait aussi très jaloux et possessif envers sa mère et ne voulait jamais qu'elle sorte sans lui. Sans doute est-ce là que mon père a tout appris.

» C'est vraiment drôle : je ne suis plus jaloux depuis ces monodrames que j'ai interprétés, mais c'est au tour d'Angéla de l'être. Son père était lui aussi extrêmement jaloux de sa mère et Angéla n'a jamais aimé ce trait de caractère chez lui. C'est cette vieille histoire d'association de conjoints, non ? L'un comme ci et l'autre comme ça ! Il est probable que tant que je me montrais jaloux comme mon père, Angéla n'avait pas à remplir ce rôle dans le couple intérieur. Elle pouvait être comme sa mère et se sentir insultée. Maintenant, je ressemble à nos deux mères et elle à nos deux pères. Incroyable comme les liens au sein des couples intérieurs se répètent ! Mais je ne veux plus que ni l'un ni l'autre nous leur ressemblions. »

EXERCICE

Repensez à vos grands-parents paternels et maternels pour voir s'il existait des liens de couple identiques.

Observez la relation de couple de vos frères et de vos sœurs. Trouvez-vous que l'un des deux partenaires ressemble à votre mère et l'autre à votre père ?

Repensez à la famille de votre partenaire, autrefois et aujourd'hui. Y a-t-il des liens de couple semblables à ceux de ses parents et des vôtres ?

Tel père, telle fille

« Je ne suis pas moi-même quand je suis avec Richard. Pour une raison que j'ai du mal à comprendre, il fait ressortir tout ce qu'il y a de mauvais en moi. Je passe mon temps à le critiquer et à être de mauvaise humeur. Je ne peux pas m'en empêcher. Le simple son de sa voix me rend folle. C'est déconcertant parce que je ne suis comme ça avec personne d'autre. Je n'ai pas envie de le traiter de cette façon. Il est si gentil, il ferait n'importe quoi pour moi... Pourquoi m'aime-t-il tant ? Je déteste le comportement méchant que j'ai à son égard. Si j'avais à choisir, je préférerais être avec quelqu'un qui me traite mal. D'ailleurs, cela a souvent été le cas. »

En me reportant au test de sélection de Rachel, je constatai à quel point Richard et elle ressemblaient aux parents de la jeune femme. Richard faisait ressortir en elle le caractère impatient de son père-adulte intérieur. « Le moindre geste de ma mère énervait mon père. Je me demande pourquoi il l'a épousée. Je sais qu'ils s'entendaient bien sur le plan sexuel, même s'ils n'avaient envie de partager aucune autre activité. Ma mère travaillait de nuit et mon père de jour. Ils passaient peu de temps ensemble. Dès qu'elle rentrait, papa lui reprochait ses vêtements, sa coiffure, ses amis, ses centres d'intérêt, sa manière de manger... c'était affreux. Ils avaient sans cesse des problèmes d'argent et n'arrivaient jamais à s'entendre sur la manière d'y faire face. Quand elle était trop en colère contre mon père, elle partait dépenser de l'argent et il lui coupait les vivres. Ils se sont retrouvés ruinés deux fois. Nous vivions dans une crise perpétuelle. Curieusement, je ne peux voir Richard qu'à petites doses, sinon il commence à m'agacer. Je ne comprends pas pourquoi il me supporte. »

J'imaginais aisément : le couple intérieur du père et de la mère de Richard devait être semblable à celui des parents de Rachel. Son test de sélection vint confirmer mon intuition. « Mon père et ma mère partaient toujours dans des directions contraires, écrivit-il. Ma mère sortait en général sans lui, et vice-versa. »

Rachel se mit à rire. « Je suis d'ordinaire attirée par des types qui ne s'intéressent pas à moi. Avec Richard, c'était différent, parce qu'il ne m'intéressait pas lorsque je l'ai rencontré. Mais il a tellement insisté pour sortir avec moi que j'ai fini par céder, juste pour voir comment ce serait. Et maintenant, je ne le supporte plus... sa gentillesse dégoulinante me sort par les yeux. Je voudrais qu'il se calme... qu'il me laisse tranquille. Mais il est sur le point de jeter l'éponge. Et je ne veux pas qu'il me quitte. »

Rachel voulait vraiment changer de modèle. Elle avait pris conscience que le schéma directeur de son couple intérieur la conduisait soit à tomber amoureuse de quelqu'un qui l'ignorait, soit à ignorer quelqu'un qui l'aimait. « Je me demande ce que ça peut donner, quand deux personnes tombent amoureuses en même temps », me dit-elle.

De toute évidence, l'affection mutuelle serait quelque chose de nouveau pour elle. Je ne croyais pas qu'elle pourrait la tolérer sans subir d'abord une nouvelle programmation psychogénétique. Le schéma relationnel qui était actuellement le sien prévoyait qu'un seul des partenaires soit amoureux, non les deux. C'est l'une des formes d'interactions les plus typiques dans les couples : l'inefficacité des signaux et des réponses employés déséquilibre les relations tout en les maintenant dans un cadre conflictuel familier.

Rachel allait devoir travailler dur. Je commençais par lui faire réécrire plusieurs épisodes de la vie de ses parents, de façon à ce qu'elle puisse s'habituer à la bonne entente de son couple intérieur. Nous jouâmes à de nombreuses reprises des scènes où ses parents contraires cherchaient ensemble une solution à leurs problèmes d'argent au lieu de se battre. Peu à peu, Rachel fit preuve de moins d'opposition dans sa relation avec Richard et apprit à se conduire en partenaire coopérative plutôt que de s'enliser dans les conflits de couple de ses parents autrefois.

Les gentils aussi peuvent gagner

Martin et Sandra vinrent me voir après que Martin avait été arrêté pour conduite en état d'ivresse. Je les vis séparément pour entendre les deux versions de l'affaire. Martin commença : « C'est bizarre que ça me soit arrivé à moi. Je ne sais même pas pourquoi j'ai commencé à boire. Ma première femme, Stéphanie, était une alcoolique. Elle ne buvait pas quand je l'ai rencontrée, mais elle s'est mise à boire comme un trou après notre mariage. Je me suis alors juré que je n'approcherais plus jamais quelqu'un qui buvait comme ça.

» Aussi, quand je me suis remarié, j'ai choisi

Sandra, une fille tranquille et respectable qui n'avait jamais fichu les pieds dans un bar de sa vie. Que s'est-il passé alors ? Je vous le donne en mille : je me suis mis à boire. En réalité, Sandra est d'un caractère si égal et si doux que je m'ennuie à en pleurer avec elle. En plaisantant, je dis à mes potes qu'elle me pousse à boire, mais cela n'a plus rien de drôle. La triste vérité est que Stéphanie me manque. Elle était incontrôlable et dingue, mais j'aimais l'excitation qu'il y avait autour d'elle. Nous allions dans des bars et nous rencontrions tout un tas de gens intéressants. Ce sont les mêmes bars où Sandra vient me chercher aujourd'hui. C'est vraiment incompréhensible ! »

Martin ne comprit d'abord rien au changement de rôles jusqu'à ce qu'il ait passé le test de sélection. À la fin de la première séance, il avait saisi pourquoi sa première femme l'avait quitté : « Je l'ennuyais, n'est-ce pas ? » Bingo. « Stéphanie disait que j'étais vraiment coincé. Je voulais toujours rester à la maison à travailler à mon ordinateur et je n'avais jamais envie de sortir. Quand je me suis entendu dire à Sandra qu'elle était complètement coincée, je me suis posé des questions. »

Au terme de la deuxième séance, Martin s'était rendu compte qu'il se trouvait dans un état de transe psychogénétique. Sa mère était alcoolique. Comme par hasard, son père était, selon les propres termes de la mère, un type coincé. L'adulte intérieur de Martin dans sa première relation avec Stéphanie était son père, mais c'était sa mère dans sa deuxième relation avec Sandra. Il s'était donc d'abord comporté comme son père, puis comme sa mère lorsqu'il avait choisi Sandra pour deuxième femme. Aussi les deux mariages avaient-ils fini de la même manière :

l'un des deux partenaires traînait dans les bars pour boire et l'autre restait à la maison. Martin ne voulait ressembler ni à sa mère ni à son père. « Puis-je rompre le sort et redevenir qui j'étais en restant avec Sandra ? », implora-t-il.

Nous fîmes entrer Sandra pour que je puisse entendre sa version. Elle était tout excitée que Martin soit déjà venu me voir deux fois. « Ma mère était une grosse buveuse, dit-elle. J'ai passé mon enfance à entendre mon père la supplier d'arrêter de boire. J'ai rencontré Martin après m'être promis de n'avoir jamais rien à faire avec des alcooliques. » Avant même le test de sélection, j'aurais pu prévoir que la mère de Sandra formait son modèle de partenaire intérieur parce que la jeune femme avait toujours choisi des partenaires qui buvaient, comme sa mère... jusqu'à Martin.

« Il m'a plu parce qu'il avait été marié à une alcoolique auparavant et que nous avons tous les deux fait le serment de rester à distance des buveurs dans leur ensemble. Nous avions beaucoup de choses en commun quand nous sortions ensemble. Mais, pour une raison que je n'ai jamais réussi à comprendre, il a changé après le mariage. Le mois dernier, pour la première fois, je me suis entendue lui crier des choses que j'avais toujours entendu mon père crier à ma mère : "Arrête de boire !" Je n'en suis pas revenue. C'était un sentiment de déjà-vu. Comment ai-je pu endosser le rôle de mon père ? »

Je lui expliquai la théorie psychogénétique du choix programmé de partenaire et l'invitai à passer le test de sélection. « J'ai maintenant l'espoir que Martin redevienne l'homme dont je suis tombée amoureuse quand je l'ai rencontré », dit-elle.

Ils commencèrent le processus ensemble. Au bout de deux mois, ils avaient franchi une étape capitale. Quand Sandra revint me voir, elle souriait aux anges. « Voilà, me dit-elle. Je me suis souvenue de cette fois où nous avions joué le rôle de nos parents en leur faisant dire ce que nous aurions aimé qu'ils disent. Alors, au moment où Martin s'apprêtait à sortir encore, je me suis approchée de lui et l'ai serré fort dans mes bras au lieu de lui hurler dessus. Il s'est mis à pleurer et m'a dit qu'il ne savait pas pourquoi il se conduisait avec une telle froideur avec moi alors que j'étais la femme qu'il avait toujours voulu. Nous sommes allés dans la cuisine et avons parlé longuement. Ce fut comme si nous avions retrouvé, à ce moment précis, la personnalité qui était la nôtre lors de notre première rencontre. Nous voulons tous les deux rester hors de notre transe. Je crois que ce test de sélection nous a fait voir que la manière dont nous nous comportions n'avait pas fonctionné pour nos parents. Cela n'avait aucun sens de continuer ainsi. »

Le test leur permit aussi de comprendre que le couple intérieur de l'un correspondait à celui de l'autre, avec un conjoint alcoolique et l'autre qui restait à la maison. Des contraires. Deux alcooliques ou deux casaniers n'auraient peut-être pas rencontré les mêmes difficultés. Les exercices de psychogénétique visaient à rééquilibrer Sandra et Martin de façon à ce qu'ils puissent mettre à profit les aspects positifs (+) de chacun de leurs modèles d'adulte du test de sélection et en concevoir autrement les aspects négatifs (–). En guise de reprogrammation, ils commencèrent par interpréter en même temps un psychodrame dans lequel leurs parents se montraient gentils l'un envers l'autre, de façon à accroître leur tolérance aux marques d'affection simultanées et mutuelles. Il leur fallait s'entraîner à jouer des scènes où leurs parents réussissaient à s'amuser et à trouver un sentiment d'excitation sans avoir recours à l'alcool et sans problèmes.

« Martin a toujours voulu faire de la voile, me dit Sandra lors de leur dernière séance. Nous sommes en train d'écrire une histoire crédible dans laquelle nos parents auraient été amis depuis notre enfance et auraient acheté un voilier ensemble. Nous allons nous souvenir du plaisir que nous avons eu à grandir ensemble et à faire de la voile pendant l'été. »

Martin approuva : « J'aime l'idée que Sandra et moi nous connaissons depuis tout ce temps. Nos parents prévoient de passer un mois ensemble dans les Caraïbes et c'est ce qui va se passer dès que nous aurons écrit le prochain chapitre. C'est plus drôle de prétendre que nous avons grandi ensemble. »

Il n'est jamais trop tard pour avoir une enfance heureuse...

EXERCICE

Imaginez un événement de votre enfance dans lequel votre partenaire et vous êtes amis, grandissez ensemble et tombez amoureux l'un de l'autre. Il sera plus facile de vous reprogrammer si vous l'écrivez.

Imaginez que vous êtes amoureux l'un de l'autre depuis l'enfance et que vous aviez des parents et des amis (+) semblables.

CHAPITRE VIII

Les résultats

Belle-famille ou pas si belle que ça ?

Quand j'étais jeune, j'étais une petite fille type, au sens où mon père était l'homme de mes rêves et ma mère mon modèle de femme. Je voulais devenir une maman comme elle et épouser un papa comme lui. J'avais toujours profondément aimé mon père. Il m'a donné très tôt le sens de la liberté et de l'indépendance. Enfant, c'était surtout avec ma mère que j'étais en conflit. Nous nous ressemblions et, selon les théories de l'époque, je deviendrais aussi comme elle en grandissant. Mon père, un intellectuel tranquille, était beaucoup plus souple avec moi et me faisait davantage confiance.

Ma mère, qui était tendre mais plus sévère, me couvait tout en étant plus exigeante avec moi (pour mon bien, selon elle). Adolescente, je voulais à la fois que ma mère soit fière de moi et échapper à son contrôle. Dès qu'on abordait la question de mes petits amis, elle ne mâchait pas ses mots. Elle trouvait que mon ami d'enfance était trop effacé et d'humeur instable, et qu'il ne se souciait pas suffisamment de moi. Bien plus tard, je compris qu'elle faisait les mêmes reproches à mon père, accusé de ne pas lui consacrer assez de temps. À cet âge, j'étais un peu perdue entre les exhortations qu'elle m'adressait pour que j'épouse quelqu'un qui s'occuperait bien de moi et les attentes que je nourrissais à l'égard de mon premier amour qui, d'après ma mère, m'avait abandonnée pendant qu'il partait étudier. « S'il t'ignore aujourd'hui... », disait-elle, me mettant en garde contre une attention moins soutenue à venir.

En dépit de tout l'amour que je portais à mon père en tant que père, j'avais changé et, à dix-huit ans, je n'envisageais plus d'épouser un homme tel que lui – un vrai dilemme dans la mesure où mon amour d'enfance ressemblait en bien des points à mon père bien-aimé. Mais nous avions poursuivi chacun notre route. Je sortais maintenant avec quelqu'un d'autre et ce ne fut qu'en rencontrant la famille de mon nouveau copain que j'envisageais de l'épouser. Mon petit ami et son père se ressemblaient beaucoup. Mon futur beau-père et moi nous sommes appréciés dès notre première rencontre. Pour une raison que je n'ai pas comprise, je me suis aussi sentie tout à fait à mon aise ce soir-là avec la mère de mon ami. Ma mère appréciait mon nouvel ami, qui était très attentionné à mon égard ; elle encouragea donc notre relation naissante.

Après notre mariage pourtant, il fut de plus en plus évident que mon mari ne marchait pas dans les pas de son père. En réalité, il n'avait jamais été proche de lui, qui était la personne que je préférais dans ma belle-famille. Le parent préféré de mon mari était sa mère et ils avaient le même caractère. Elle voulait contrôler beaucoup trop de choses pour une belle-fille telle que moi, qui avait passé son adolescence à vouloir s'affranchir de sa propre mère. Comment ne m'étais-je pas rendu compte que mon mari ressemblait davantage à sa mère... et à la mienne ? Ma mère et lui se plaignaient que je ne leur consacre pas assez de temps. Ils pensaient tous les deux que j'étais beaucoup trop indépendante. Je les ai crus pendant longtemps, essayant à la fois de leur faire plaisir et de me libérer de leur contrôle.

Au fil des années, l'association entre les trois devint plus manifeste. Mon mari et sa mère tombaient en général d'accord sur la manière de traiter une situation. Ma mère, quant à elle, idolâtrait mon mari et prenait le plus souvent son parti dès que nous nous disputions. Il aurait voulu que je ressemble davantage à ma mère et à la sienne. Mon beau-père et moi partagions en général la même opinion sur les choses, tout comme mon père et moi, et après la mort de mon père, mon beau-père se fit plus présent et fut pour moi comme un second père. Nous devînmes très amis, tout comme l'étaient ma mère et mon mari. Je riais en me disant que mes parents et mes beaux-parents étaient vraiment mal assortis. C'étaient deux couples de contraires. Cela m'amena à me demander pour quelle raison les contraires s'attirent, se marient et restent ensemble alors qu'ils passent leur temps à se chamailler. Je n'étais évidemment pas la première à me poser cette question et à être incapable d'y répondre.

On a écrit des centaines de livres sur le thème du choix des partenaires. À l'époque de mon mariage, on pensait que le père formait le modèle de partenaire pour la petite fille et la mère pour le petit garçon. En ce qui nous concernait, mon mari devait faire face au fait de plus en plus flagrant qu'il avait épousé une fille qui ressemblait à son cher papa, mais pas à sa mère. Nous découvrions à la suite de millions d'autres jeunes mariés qu'on ne se connaît pas vraiment avant le mariage. Il est rare de se rendre compte à l'avance que l'un de ses beaux-parents potentiels se manifestera dans son futur partenaire. Pour la plupart d'entre nous, les problèmes avec la belle-famille ont toujours signifié qu'il y avait ingérence extérieure de la part de l'un des parents du conjoint. Nous avons tous entendu des blagues sur les belles-mères, mais peu de jeunes mariés se plaignent de leur beau-père, alors que les ingérences peuvent être le fait de l'un comme de l'autre.

La théorie psychogénétique affirme que le vrai problème rencontré par de nombreux couples n'est pas tant une ingérence extérieure des beaux-parents qu'une ingérence intérieure venue de la programmation qui commence à se manifester en chaque partenaire après qu'ils se sont mis en couple. En effet, l'exemple donné autrefois par la relation de vos parents est *transe*-féré à votre relation. Ce n'est pas votre enfant intérieur qui choisit votre partenaire. *Cette théorie n'a cours que parce que votre enfant intérieur grandit et prend les mêmes décisions quant au choix de son partenaire que le parent qui forme votre modèle d'adulte programmé.*

L'adulte intérieur contient l'énergie que Freud appelait libido, ou besoin sexuel. C'est la part de votre personnalité qui vous conduit à être attiré(e) par un certain type de personne et à choisir tel partenaire pour l'épouser et avoir des enfants. Cela permet de comprendre qui vous a vraiment présenté(e) à votre conjoint. C'était, dans tous les sens du terme, vraiment un rendez-vous à l'aveugle. Transporté(e) par les transes de l'amour, vous ne voyez pas la personne que vous avez en face de vous, vous voyez le parent qui forme votre modèle de partenaire intérieur originel, quelqu'un qui vous rappelle la seconde moitié de votre couple intérieur. Peu importe que cette personne ressemble ou non à ce parent. *Pendant que votre conscience est en quête du partenaire idéal pour votre avenir, votre inconscient recherche celui qui correspondra le mieux à votre passé.* Et votre inconscient *est* responsable du résultat. Vous trouverez quelqu'un capable de se comporter comme le parent qui est votre modèle de partenaire.

Bien des années plus tard, je me rends compte que la part de ma personnalité formée par mon père-adulte intérieur a choisi pour moi quelqu'un qui ressemblait à ma mère-partenaire intérieur, et la part de la personnalité de mon ex-mari formée par sa mère-adulte intérieur a choisi un partenaire semblable à son père-partenaire intérieur. Mon père, le sien et moi étions similaires, tout comme l'étaient sa mère, la mienne et lui. Mes parents et les siens formaient deux couples de contraires, tout comme nous. Dans son schéma de couple intérieur, comme dans le mien, il y avait un parent comme ci et un parent comme ça, et les interactions entre les partenaires étaient les mêmes pour l'un comme pour l'autre.

Nous étions parfaitement assortis. C'était pour chacun de nous une nouvelle occasion de résoudre les difficultés de couple que la génération précédente n'avait pas réussi à surmonter. Mais, sous le stress, nous retombâmes immédiatement dans les vieux schémas de fonctionnement de nos parents. Nous fûmes aussi incapables qu'eux de résoudre le problème parce que chacun s'acharna à vouloir changer l'autre. Nous aurions dû nous *transe*-former avant de *transe*-former nos couples intérieurs.

De génération en génération

Je commençais à percevoir, au travers de l'exemple de mon propre mariage comme de celui des couples qui venaient me voir en thérapie, que *nos comportements relationnels appris nous ramènent automatiquement aux mélodrames de nos parents et nous font recourir aux mêmes solutions inefficaces qu'eux*. Enfants impressionnables, nous avons tous été hypnotisés en regardant et en écoutant nos modèles d'adulte. Ils avaient eux aussi été hypnotisés par les leurs, et ainsi de suite, de génération en génération. Les chercheurs se sont demandé ce qui, de l'environnement ou de l'hérédité, détermine ce que sera l'adulte. Le verre est-il à moitié plein ou à moitié vide ? La réponse est : les deux.

La psychogénétique part de l'hypothèse que vous avez hérité de la personnalité de l'un de vos parents au travers de vos gènes ; de la naissance à l'âge de cinq ans, vous avez inconsciemment copié le style comportemental et relationnel de ce parent ; parvenu à l'âge adulte, vous vous êtes mis en quête d'un partenaire pour remplir l'autre rôle d'adulte. Ainsi, votre premier environnement a conditionné ce que vous deviendriez quand vous seriez grand. L'exemple donné par votre modèle d'adulte dans le cadre d'une relation adulte vous a été mis sous les yeux à de nombreuses reprises quand vous étiez un enfant impressionnable et a formé la programmation de votre adulte intérieur.

Vous êtes programmé depuis l'enfance à agir, réagir et interagir comme le faisait à l'époque l'un de vos parents dans sa relation d'adulte à adulte. Vous avez choisi un partenaire capable d'apporter la même réponse que l'autre de vos parents autrefois. *Lorsque vous faites à votre tour partie d'un couple, la suggestion post-hypnotique implantée en vous vous conduit à recréer ce qui s'est passé entre vos parents.* Nous préférerions tous croire que les problèmes relationnels que nous avons sont causés par le comportement de notre partenaire et que nous n'y avons aucune part. *En vérité, les difficultés que nous rencontrons viennent de nous et non pas de notre partenaire.* La cause de nos problèmes de couple insolubles se niche dans la relation de nos parents et les effets se font ressentir dans la nôtre.

Leur exemple de couple intérieur forme la suggestion post-hypnotique – inconnue de notre conscience, mais on ne peut plus familière à notre inconscient. À moins de travailler au niveau de l'empreinte laissée par le couple intérieur parental, nous ne pouvons imposer de changements permanents à notre propre système de couple. La véritable guérison intervient à partir du moment où nous sortons de notre transe et commençons par identifier en nous l'empreinte de l'adulte intérieur. Nous nous réveillons quand nous comprenons que certaines des *transe*-gressions de notre relation sont en réalité des *transe*-ferts de notre couple intérieur venus de notre programmation ancienne. Cela constitue le problème, pas la solution. *La solution ne réside pas dans ce que notre partenaire devrait faire pour arranger notre relation, mais dans la compréhension de ce que nos modèles de couple intérieur auraient pu faire pour améliorer la leur.*

Nous ne pouvons interrompre la réception des suggestions post-hypnotiques qu'à partir du moment où nous devenons *transe*-parents et voyons nos parents sous leur vrai jour. Avant cela, nous ne serons que le juge expert du comportement de notre partenaire et demeurerons aveugle aux modèles implantés en nous. Le test de sélection agit comme un appel au réveil. Pour modifier notre modèle relationnel, nous devons tous, tôt ou tard, affronter les parents que nous avons en nous et transformer notre adulte et notre partenaire intérieurs, faute de quoi nous ne serons pas autorisés à rechercher un autre type de partenaire ou de relation. Il s'agit d'abord de modifier le souvenir qui s'est gravé en nous du comportement de couple de nos propres parents, pas de celui de notre partenaire. Si nous ne commençons pas par travailler sur les empreintes de notre propre adulte intérieur, il sera impossible d'introduire de changements permanents dans notre système relationnel actuel.

Nous ne demandons pas à nos partenaires d'améliorer leur comportement extérieur. En revanche, nous restructurons nos propres signaux et réponses internes. La psychogénétique soigne d'abord chaque partenaire de l'intérieur. Avant de pouvoir modifier notre comportement extérieur ou celui de notre partenaire, il nous faut au préalable prendre conscience du couple intérieur gravé en nous.

La psychogénétique cherche à amener chacun à changer le modèle de signaux et de réponses implantés en lui en élaborant de faux souvenirs qui viendront former une expérience relationnelle positive. Les empreintes originelles du couple intérieur sont toujours là, inefficaces, mais nous disposons maintenant d'au moins une option supplémentaire. Il est capital de se familiariser avec ces précédents de couples intérieurs positifs au travers du monodrame, faute de quoi nous serions incapables d'interagir différemment sous le stress.

Quand bien même auriez-vous réussi à envoyer de nouveaux signaux, ou à recevoir une nouvelle réponse de votre partenaire, vous ne les reconnaîtriez ou ne les croiriez peut-être pas si vous ne disposiez pas d'un précédent interne. « Ça ne peut pas être vrai », vous diriez-vous, ou « Ce n'est pas ce qu'elle veut dire ». S'il n'existe pas de précédent de couple intérieur positif dans votre inconscient, l'ancienne prédiction négative répondra à votre place. Votre adulte intérieur se chargera d'exhumer le comportement relationnel parental qui vous est si familier pour la simple raison que, selon les influences qui vous ont marquées à ce jour, il s'agit pour vous de la seule issue possible dans une relation de couple.

Nous savons depuis des années que les modèles négatifs de relation de couple se répètent. C'est ce que montre clairement l'exemple de l'alcoolique et du facilitateur : si l'alcoolique cesse de boire, le facilitateur continue de donner à son partenaire devenu sobre les moyens de boire, jusqu'à ce que le comportement alcoolique familier revienne. Tout comme l'eau cherche son propre niveau, les relations de couple recherchent leur environnement familial. Pour qu'interviennent des changements permanents, les souvenirs familiaux d'origine doivent changer.

Nous disons que les empreintes laissées par la famille forment des prédictions qui nous satisfont alors qu'en réalité elles satisfont nos parents. Dans tous les cas, elles ne nous satisferont qu'à la condition d'avoir eu devant les yeux des modèles positifs. Les suggestions post-hypnotiques négatives ne sont absolument pas satisfaisantes. Au travers de différents exercices psychogénétiques, chacun a la possibilité d'accomplir aujourd'hui ce qu'il aurait voulu que son modèle d'adulte intérieur accomplisse autrefois et de recréer avec son partenaire actuel ce nouveau comportement parental.

Une deuxième chance

Le test de sélection que vous avez rempli au début de ce livre forme à la fois une carte vous guidant au travers de la programmation que vous avez subie pendant votre enfance et une liste vous permettant de reprogrammer les moins (–) de votre adulte et de votre conjoint intérieurs. Observez ces moins (–). Ils identifient les sections de l'histoire de vos parents que vous devez imaginer à nouveau, réécrire, mettre en scène dans le cadre du monodrame, et résoudre afin de pouvoir les réinterpréter seul.

La répétition des exercices proposés dans ce livre

vous permet de vous reprogrammer ainsi que votre partenaire actuel selon un mode relationnel que vous auriez aimé être celui de vos parents. Dès que vous avez recours au monodrame pour rejouer une scène de la relation parentale de votre enfance, vous créez une solution alternative à un problème particulier. Vous pouvez ainsi résoudre toutes les difficultés les unes après les autres et mettre vous-même en pratique ces nouvelles solutions.

Dans la vie, nous sommes sujets à reproduire des modèles de comportements et des réponses habituelles. Nous sommes victimes de perceptions de soi restrictives et de l'influence des attentes limitées des autres à notre égard. Dans le monde du faux-semblant, ces contradictions ne s'appliquent pas. Nous avons la liberté et la permission de faire ce qui paraissait si difficile à accomplir dans la vie ; de modifier nos comportements et nos modèles sous le masque du jeu et de prétendre que nous pouvons, pour une fois, agir de façon nouvelle. La distance que nous accorde le drame nous permet d'observer sous d'autres angles les rôles, les modèles et les actions de la vie réelle et de faire activement l'expérience de solutions alternatives. Le drame nous libère de nos chaînes. Que ces chaînes soient produites par la société ou le psychisme, le drame est le moment de l'émancipation.

Imaginer une fin heureuse

Je demandais autrefois aux couples de raconter par écrit l'enfance de leur parents telle qu'elle avait réellement eu lieu, puis de décrire ces derniers pendant l'adolescence et au début de l'âge adulte. Ils parlaient aussi de la rencontre de leurs parents et du début de leur mariage. Bien entendu, tout cela n'était fondé que sur des ouï-dire, mais mes patients me rapportaient également de nombreuses histoires de leur enfance et des anecdotes sur la vie de leurs parents qui m'aidaient à identifier les modèles générationnels.

Le premier devoir que je leur donne aujourd'hui, c'est, quand cela est possible, d'aller interviewer réellement leurs parents sur leur vie. Je leur demande d'apporter en séance le récit écrit ou enregistré qui leur a été fait, de façon à ce que nous puissions en retirer des informations sur l'enfance de leurs parents et remonter jusqu'à l'enfance des clients. J'ai souvent invité des parents de clients à venir raconter eux-mêmes leur histoire. Certains m'ont confié sur leur enfance des détails confidentiels qu'ils n'avaient jamais raconté à leurs enfants. Je me suis cependant aperçue progressivement que les secrets des parents étaient semblables aux fictions imaginées par mes clients dans le cadre de nos monodrames. Je ne m'étais jusque-là pas rendu compte que l'exercice des trois chaises auquel nous avions recours dans le cadre du monodrame donnait en fait à chaque fois accès aux archives inconscientes du couple intérieur. J'avais simplement demandé à mes clients d'imaginer une histoire quand ils me disaient qu'ils ne savaient rien de la relation de leurs parents avant leur naissance.

Je m'aperçus par ailleurs que l'histoire du début des relations amoureuses de mes clients offrait de grandes similitudes avec celle de la relation de leurs parents pendant leur petite enfance. À chaque fois, l'histoire des parents correspondait aux problèmes et aux périodes de la vie sur lesquels nous travaillions avec mes clients. J'étais incapable d'expliquer cette coïncidence, mais je savais qu'il s'agissait d'un modèle générationnel. Je comprenais en fait que les problèmes étaient dans la famille depuis bien plus longtemps qu'on ne le pensait, et que mes clients avaient besoin d'être reprogrammés pour mettre un terme à la répétition des modèles.

Dès lors, au lieu de simplement mettre en scène le passé de leurs parents pour lui trouver une solution, je demandai à mes clients d'écrire l'avenir de leurs parents... et d'imaginer une fin heureuse ! Cela vous semble ridicule ? Essayez tout de même. Le simple fait d'imaginer le bonheur qu'a pu vivre le couple formé par vos parents créera en vous un deuxième objectif pour votre propre enfance et commencera à faire évoluer le script du couple intérieur implanté en vous. Même si cela vous paraît impossible au moment où vous écrivez, ce nouveau modèle relationnel positif fera son chemin jusqu'à votre réserve de souvenirs. Vous aurez toujours accès aux souvenirs d'origine de votre couple intérieur, mais vous pourrez maintenant sélectionner aussi d'autres expériences plus positives. En éprouvant ce qui aurait pu se passer si vos parents avaient vécu heureux ensemble, vous aurez fait un premier pas vers la résolution de vos problèmes de couple.

Assurez-vous que les nouveaux scénarios élaborés pour vos parents sont au présent de l'indicatif, comme si vous étiez le parent qui est votre modèle d'adulte intérieur au moment où vous écrivez (« Je suis ma mère à vingt ans et je viens de rencontrer l'homme que je vais épouser... »). Puis rédigez-les au passé quand vous racontez à nouveau le bonheur de ce parent avec son partenaire (« Quand ma mère avait vingt ans, elle... »).

Servez-vous de personnes et d'événements réels et ne changez que la fin, de sorte que la situation se termine aussi bien que vous vous sentez capable de l'imaginer pour eux et pour vous. Puis recommencez pour l'autre parent. Une ou deux pages par parent suffiront. Il pourra vous sembler utile de lire ces histoires à voix haute et de les enregistrer. Vous pourrez les écouter autant de fois que vous le voudrez. Plus vous écouterez, plus vite vous avancerez dans la reprogrammation de votre couple intérieur.

EXERCICE

Réécrivez l'histoire amoureuse de vos parents, depuis leur adolescence jusqu'à ce qu'ils se rencontrent, tombent amoureux, se marient, attendent un bébé.

Racontez leur bonheur à deux jusqu'au moment où ils sont sur le point de devenir parents pour la première fois, puis continuez jusqu'à votre naissance. Racontez combien ils étaient heureux pendant les cinq puis les dix premières années de votre vie et comme leur relation n'a cessé de s'améliorer au fil des années.

Qu'éprouveriez-vous si cette histoire vous arrivait à vous et à votre partenaire aujourd'hui ?

Exercice de réalisation des vœux

En faisant les exercices qui suivent, vous modifierez votre couple intérieur et inscrirez dans le présent les améliorations auxquelles vous avez travaillé. En réinterprétant sans cesse une variété de changements positifs, vous pourrez influer sur les modèles qui seront transmis à travers vous de la génération de vos parents à celle de vos enfants.

PREMIÈRE ÉTAPE

Installez trois chaises en triangle, l'une pour votre enfant intérieur, l'autre pour votre adulte intérieur et la troisième pour votre partenaire intérieur. Ne vous inquiétez pas si vous êtes incapable de vous rappeler quoi que ce soit du comportement de vos parents l'un envers l'autre. Commencez quoi qu'il arrive. Peu importe si vous n'avez pas beaucoup de souvenirs conscients de ces deux personnes. Leur personnalité et leurs attitudes vous reviendront facilement dès que vous aurez commencé le monodrame. Si ce n'est pas le cas, laissez-vous guider par votre intuition qui vous donnera en général accès à la mémoire des sentiments ou au bon sens dont vous avez besoin.

Asseyez-vous sur l'une des chaises et présentez-vous comme si vous étiez le parent qui forme votre adulte intérieur. Parlez au présent de l'indicatif et à la première personne comme si vous étiez l'adulte qu'était ce parent pendant votre enfance. Dites tout haut, en son nom, ce que vous ressentez à propos de vous-même et de votre partenaire. Exemple : « Je suis ma mère, Bénédicte. J'ai trente-sept ans et ma fille, Anne, en a neuf. Mon mari, Bertrand, est gentil, mais il travaille trop et, quand il rentre, il est trop fatigué pour passer beaucoup de temps avec moi. »

Installez-vous sur l'autre chaise et présentez-vous comme si vous étiez votre partenaire intérieur. Procédez comme ci-dessus : « Je m'appelle Bertrand et ma femme, Bénédicte, trouve que je ne lui témoigne pas assez d'affection. C'est juste que je n'ai pas le temps... »

Revenez à la chaise de votre modèle d'adulte intérieur et imaginez l'autre parent assis en face de vous. Répétez-lui ce que vous avez entendu le premier dire au second quand vous étiez enfant.

Prenez la place du parent qui est votre partenaire intérieur. Imaginez que vous êtes ce parent et répondez en disant ce qu'il ou elle aurait pu dire à votre modèle d'adulte intérieur quand vous étiez enfant.

Asseyez-vous maintenant sur la chaise de l'enfant. Imaginez-vous enfant, témoin de leur interaction, et souvenez-vous de ce que vous auriez aimé que vos parents fassent.

Souvenez-vous du parent que vous auriez aimé voir réagir en premier pour arranger leurs problèmes. Installez-vous à nouveau à la place de ce parent et comportez-vous avec l'autre parent comme, enfant, vous auriez voulu qu'il ou elle se comporte.

Asseyez-vous sur la chaise de l'autre parent et répondez comme, enfant, vous auriez voulu que ce parent réponde.

Faites autant d'allées et venues que nécessaire

jusqu'à ce que vous soyez satisfait de la nouvelle solution trouvée par vos parents à leur problème récurrent. Laissez-les exprimer ce qu'ils pensent l'un de l'autre mais ont gardé pour eux, que ces sentiments soient positifs ou négatifs, jusqu'à ce qu'ils fassent preuve de tendresse. Peu importe le temps que cela prend ou le nombre de tentatives nécessaires. Continuez jusqu'à ce qu'ils aient trouvé une solution et que vous ayez imaginé un mode de fonctionnement qui leur convienne. Puis jouez cette relation, nouvelle et positive. Écrivez-la et lisez-la à voix haute plusieurs fois.

Recommencez ce processus en l'appliquant à tous les souvenirs négatifs de votre couple intérieur que vous voulez modifier. Plus vous recommencerez, plus les résultats seront efficaces.

Note : Si vous êtes célibataire, sautez la deuxième étape. Vous pouvez pratiquer ces exercices une ou deux fois par jour. Vous ferez évoluer l'histoire de votre adulte intérieur et votre prédiction. Votre inconscient va progressivement se mettre à rechercher un partenaire intérieur qui a évolué de la même façon que vous et qui soit plus satisfaisant. Votre *nouvel* adulte intérieur sera reprogrammé pour interagir avec ce *nouveau* partenaire intérieur d'une façon qui réponde davantage aux *souhaits* de votre enfant intérieur à l'égard des relations de vos parents. Votre nouveau couple intérieur reflétera automatiquement les *nouveaux* souvenirs que vous avez des *nouvelles* relations entre vos parents au lieu des anciennes. Rendez-vous à la troisième étape.

DEUXIÈME ÉTAPE

Cette étape s'adresse à votre partenaire, qui travaillera en association avec vous.

Commencez par lui demander de passer le test de sélection et de faire tous les exercices de la première étape ci-dessus.

Regardez le tableau de l'histoire de son enfance pour voir de quelle façon la personnalité et les comportements relationnels de vos parents correspondaient à ceux de ses parents, et relevez les similitudes qu'il y a entre les deux couples intérieurs.

Avec votre partenaire actuel, jouez le rôle de vos nouveaux parents tels que vous les avez faits évoluer. Chacun prendra le rôle du parent auquel il ressemble le plus. Jouez le rôle du parent qui forme votre adulte intérieur pendant que votre partenaire interprète le parent qui est votre partenaire intérieur. Si, toutefois, la solution qui a émergé a produit deux adultes intérieurs et deux partenaires intérieurs semblables, vous pouvez jouer à votre guise l'un ou l'autre de vos parents.

Recommencez en jouant chacun le rôle des parents de votre partenaire.

Écrivez chacun l'histoire des nouvelles relations de vos parents et lisez-les-vous mutuellement à haute voix.

Pourriez-vous à votre tour vous comporter de la même façon l'un avec l'autre ? Vous souhaiterez peut-être commencer par : « Il était une fois » et finir par : « Et ils vécurent heureux pour toujours ».

TROISIÈME ÉTAPE

Cette étape concerne les célibataires comme les couples.

Remplissez le troisième test de sélection qui figure à la page suivante : il raconte les faits tels que vous auriez souhaité qu'ils se déroulent pendant votre enfance.

Le partenaire idéal

Alicia souriait en pénétrant dans mon cabinet. Je ne lui avais pas parlé depuis trois mois. Pendant ce temps-là, j'avais travaillé avec Hugues, son ex-mari, qu'elle fréquentait à nouveau. « Hugues a changé du tout au tout, dit-elle. Il n'est plus aussi difficile et on n'est plus obligé de se plier à ses quatre volonté tout le temps. Il est encore un peu tendu, mais mon père est comme ça, alors je sais à quoi m'attendre. À vrai dire, Hugues est proche de la perfection aujourd'hui. Fini la jalousie et les bouderies. Il est simplement encore un peu soucieux que je devienne comme sa mère, accro aux antidépresseurs. Je ne peux pas prendre un cachet d'aspirine sans qu'il se projette vingt ans plus tard et m'imagine titubant dans la cuisine toutes les nuits, comme elle. Il n'en fait pas toute une histoire, c'est juste que ça l'inquiète.

» Je vis maintenant quelque chose que je n'ai jamais vécu dans aucune de mes relations avec aucun de mes petits amis : un homme qui est mon meilleur ami. Je m'aperçois que j'aime beaucoup Hugues tel qu'il est aujourd'hui et je lui fais

Te

2. Décrivez votre mère (ou le parent de sexe féminin) telle que vous auriez aimé qu'elle se comporte dans son rôle d'adulte quand vous étiez enfant (allure, personnalité, attitude) :

8. Décrivez la relation de parents telle que vous au souhaité qu'elle soit qu vous étiez enfant (de 0 à ans) :

6. La relation mère-enfant idéale :

4. Décrivez votre mère telle que vous auriez aimé qu'elle soit dans son rôle de parent quand vous étiez enfant :

1. Décrivez l'enfant que v auriez pu être si la vie à maison avait été idéale (d à 10 ans) :

ction idéale

3. Décrivez votre père (ou le parent de sexe masculin) tel que vous auriez aimé qu'il se comporte dans son rôle d'adulte quand vous étiez enfant (allure, personnalité, attitude) :

7. La relation père-enfant idéale :

5. Décrivez votre père tel que vous auriez aimé qu'il soit dans son rôle de parent quand vous étiez enfant :

confiance. On peut compter sur lui. Cela va au-delà de la folle passion d'avant. Et on parle de se remarier. »

Alicia était fille unique. Elle était même la fille unique d'un enfant unique. « J'ai toujours aimé avoir du temps pour moi et Hugues est maintenant d'accord pour que j'en profite davantage. J'ai grandi avec peu de monde à la maison et, encore aujourd'hui, je préfère rester seule. Quand nous nous sommes mariés la première fois, Hugues était tout le temps autour de moi. Il exigeait que je lui consacre toujours plus de temps et voulait savoir où j'allais dès que je sortais. C'est tellement plus agréable aujourd'hui.

» Mon père et ma mère étaient proches de la quarantaine quand ils se sont mariés et ils avaient tous les deux établi leur indépendance avant de se rencontrer. C'est un modèle qui me plaît. Ma mère était amère d'avoir à s'occuper autant de la maison après son mariage. Elle m'a conseillé de ne pas commencer à couver mon mari parce qu'il prendrait de mauvaises habitudes et que je serais furieuse d'avoir à sacrifier mon temps libre pour satisfaire à ses exigences. Elle se disait qu'elle n'aurait jamais dû s'occuper de mon père comme ça. J'étais incapable de dire non à Hugues s'il avait besoin que je fasse quelque chose pour lui, mais je finissais toujours par lui en vouloir. C'est la raison pour laquelle je suis partie. »

Je donnai à Alicia des devoirs à la maison. Je voulais qu'elle puisse disposer d'options comportementales supplémentaires dans la programmation de son adulte intérieur et je lui demandai d'écrire deux nouveaux souvenirs de sa mère. Dans le premier, sa mère refusait de faire quelque chose dont elle serait furieuse par la suite. Dans le second, elle acceptait de rendre service à son père sans lui en vouloir ensuite. Ces deux précédents étaient très importants, car Alicia était jusqu'ici coincée dans un comportement ou/ou, tout ou rien.

Conditionnée par sa mère-adulte intérieur à dire oui et à en être furieuse, ou à dire non et à s'en sentir coupable, Alicia n'avait aucune solution gagnante derrière la porte n° 1 et la porte n° 2. Je voulais que les portes n° 3 et 4 soient gagnantes et libres de toute culpabilité, ce qui était aussi exactement ce que la jeune femme recherchait dans sa relation avec Hugues.

Au cours de la séance suivante, nous avons interprété au moyen du monodrame les deux nouveaux scénarios et implanté ces deux options inédites dans son inconscient. « Je vais même écrire une histoire où ma mère fait une course pour mon père en échange d'une sortie au concert en amoureux. C'est quelque chose dont elle a toujours rêvé. »

Bingo ! Il y avait donc une porte n° 5.

Puisque l'on parle de créer de nouvelles possibilités, cela me rappelle l'histoire d'Yvette.

Yvette était une divorcée de trente-deux ans qui venait de trouver un nouveau travail où elle était deux fois mieux payée qu'auparavant. « C'est incroyable, non seulement que cette occasion se soit présentée, mais aussi que j'aie été capable de la saisir. Je ne crois pas que j'aurais postulé si on ne m'avait pas fait réécrire l'histoire de ma mère. »

Je lui avais demandé d'imaginer une scène dans laquelle sa mère serait l'une des gloires de sa profession. Pendant qu'elle était là à m'écouter, je commençai à élaborer pour elle un fantasme dirigé qui comportait tous les ingrédients qu'Yvette aurait souhaité avoir dans sa vie à ce moment-là : « Votre mère porte des vêtements de grand luxe et vous imaginez qu'elle vous invite à déjeuner dans l'un des meilleurs restaurants de la ville pour votre huitième anniversaire. Vous l'écoutez vous raconter ses projets de mariage avec l'homme de ses rêves. Vous assisterez à son mariage. Vous aimez beaucoup cet homme et il fera un très bon père pour vous. Vous vous en souvenez ? Et, à l'âge de huit ans, vous savez déjà que lorsque vous serez grande et que vous vous marierez, votre merveilleux beau-père sera là pour vous mener à l'autel. Vous vivrez alors une histoire formidable parce que, des années auparavant, votre mère a transformé sa vie. »

Yvette sourit : « Rien que le fait d'imaginer ma mère sous les traits d'une jeune femme qui réussit au lieu de ceux d'une épouse dépendante et maltraitée a ouvert en moi certaines portes restées fermées et que j'aurais été incapable de franchir si elle ne l'avait pas fait la première. Jusque-là, je ne m'étais jamais sentie digne de mériter quoi que ce soit de valable, boulots ou hommes. Peut-être est-ce parce que ma mère est restée avec mon bon à rien de père jusqu'à sa mort et qu'elle a été incapable de rencontrer un autre homme par la suite. Aujourd'hui, je me dis que je mérite mieux que ça aussi. J'ai toujours été à la recherche du partenaire idéal sans jamais le trouver. Maintenant, je pourrai être moi-même ce partenaire idéal quand cet homme se montrera. Donnez-moi encore des devoirs à faire. Je suis prête. »

Et elle l'était, en effet.

Plus rien comme mon père

Théo vint me voir pour me montrer les photos de son mariage. « Je me souviens encore aujourd'hui de cette fois où vous m'avez demandé si j'allais prendre la même décision que mon père, ou si j'allais faire un choix différent du sien et emprunter un autre chemin. C'était il y a trois ans et je sortais alors avec deux femmes différentes. L'une d'entre elles était le portrait de ma mère : froide, critiquant tout, cruelle, folle et dominatrice. J'avais passé ma vie à sortir avec des femmes comme ça.

» Au bout de trois mois de thérapie et après tous les monodrames, les lettres et les travaux pratiques que vous m'avez fait faire, j'ai fini par rencontrer un nouveau type de fille, mais elle avait l'air beaucoup trop bien pour moi. Je me sentais tellement nul à l'époque, je n'étais pas encore sûr de mériter quelqu'un d'aussi équilibré. Je ne pensais pas pouvoir être à la hauteur de ce genre de fille. Je me sentais naturellement plus attiré par des femmes perturbées : j'avais le sentiment de servir à quelque chose et ça me donnait de la valeur par rapport à elles. Avec une fille équilibrée, je risquais d'être celui qui aurait besoin d'aide et elle serait mieux que moi. Je me rappelle tous ces fantasmes dirigés dans lesquels vous m'avez emmené jusqu'à ce que je parvienne à imaginer par moi-même que des choses positives allaient m'arriver.

» Je me souviens aussi du dilemme affreux où je me suis trouvé quand vous m'avez demandé si j'allais laisser ma vie suivre le même chemin que mon père codépendant. Je savais qu'en choisissant une fille fragile sur le plan émotionnel je prenais la même décision que mon père plusieurs années auparavant. Pour finir, il a passé sa vie à s'occuper de ma mère et à satisfaire ses exigences. Je parie qu'il aurait aimé avoir épousé un autre type de partenaire, quelqu'un qui aurait été aussi capable de donner que de prendre, au lieu de se contenter de prendre sans rien donner en retour comme ma mère. Il m'a fallu du courage pour emprunter une autre voie que celle de mon père. J'ai eu l'impression de le trahir en ne suivant pas son modèle, mais il aurait été idiot de sacrifier ma vie pour faire honneur au sacrifice qu'il avait fait de la sienne. Je pense qu'il aurait voulu que j'apprenne de ses erreurs, aussi ai-je choisi Patricia au lieu de Liliane.

» Je voudrais vous dire que j'ai bien fait de prendre cette décision vraiment différente et je n'éprouve aucun regret aujourd'hui. J'ai épousé Patricia il y a deux ans et la deuxième année de notre mariage est encore mieux que la première. C'est une relation incroyable. Elle a une manière de m'aimer que je n'ai ressentie chez aucune autre femme. En tout cas, ma mère n'a jamais été comme cela avec moi ou avec mon père. Plus je me rendais compte à quel point je ressemblais à mon père et plus je prenais conscience que j'avais toujours choisi les mêmes partenaires que lui.

» Puis je compris que pour la première fois de ma vie je devais choisir un autre type de femme, quelqu'un qui ne ressemble pas à ma mère. Quelle chance de l'avoir fait ! Patricia est comme moi. En fait, nous ressemblons tous les deux à mon père, qui était quelqu'un de très aimant – c'est ainsi que nous sommes l'un envers l'autre, comme lui-même s'est toujours comporté envers ma mère. Nous sommes « semblables ». Ma mère était une femme dure et exigeante ; même quand j'étais enfant, je ne supportais pas de rester près d'elle. Aujourd'hui, je me rends compte que je ne suis pas obligé de choisir une compagne qui lui ressemble. »

L'histoire de Théo illustre la résolution du conflit qui existait entre la programmation de son adulte intérieur (ressembler à son père-modèle tout en demeurant loyal à son partenaire) et les besoins de son enfant intérieur (fuir sa mère). Dans ses précédentes relations, Théo avait, comme son père, qui formait son adulte intérieur, choisi des femmes qui ressemblaient à sa mère. Au niveau inconscient, il n'avait d'autre choix que celui que son père avait fait des années avant la naissance de Théo.

En choisissant Patricia, Théo s'était libéré des directives de son couple intérieur qui voulaient que l'un des partenaires ressemble à sa mère et l'autre à son père. Sa nouvelle relation avait ouvert la porte à la possibilité que son adulte intérieur et son conjoint intérieur soient semblables. « Pour la première fois, je comprends pourquoi j'ai toujours choisi des caractères contraires au mien. Je n'avais pas d'alternative. Mon père était quelqu'un de tellement aimant et ma mère était si mauvaise. J'étais coincé dans ce schéma. J'étais incapable de choisir des femmes aimantes parce qu'alors je me sentais obligé de me conduire méchamment, comme ma mère, et le pire c'est que je ne comprenais pas pourquoi. La seule chose que je savais, c'est que les femmes gentilles m'effrayaient. Cela me rendait dingue et je prenais mes jambes à mon cou. Si c'est ce qui se produit quand le cycle des abus se répète, alors j'ai vraiment compris comment ça fonctionne. J'espère que mes enfant auront un cycle de bonheur à reproduire à la place. »

EXERCICE

Notez dix traits de caractère positifs et dix traits négatifs de votre partenaire actuel ou de votre dernier partenaire. Donnez des exemples décrivant l'interaction entre votre partenaire et vous. Quels sont les sentiments et émotions dominants entre vous deux ?

Reprenez le premier et le deuxième de vos tests de sélection. Certaines des caractéristiques de votre partenaire actuel ou de votre dernier partenaire vous font-elles penser aux caractéristiques qui, pendant votre enfance ou votre adolescence, étaient celles du parent ou beau-parent qui forme votre partenaire intérieur ? Notez-les dans la section du test correspondante.

Ce parent aurait-il pu posséder ces traits de caractère sans que vous en ayez eu conscience pendant votre enfance ?

Cela permet-il de mieux expliquer certains aspects de la personnalité de ce parent en tant qu'adulte ?

Reprenez maintenant la description que vous avez faite du parent ou beau-parent qui est votre adulte intérieur dans son rôle d'adulte.

Parmi les traits de caractère négatifs de votre parent-adulte intérieur, lesquels souhaitez-vous ne pas retrouver chez vous ?

Quels sont, parmi vos traits de caractère positifs, ceux que votre parent-adulte intérieur a pu posséder autrefois ? Inscrivez-les dans la section « adulte intérieur » du test de sélection.

Cela vous permet-il de mieux comprendre qui étaient vos parents à l'époque ?

Tout le portrait de ma mère

Caroline, une patiente de quarante ans, me déclara un jour : « Quand, après avoir repris mon premier test de sélection, je me rendis compte que je ressemblais davantage à ma mère qu'à mon père, je crus que j'étais fichue. Puis, en rejouant ma mère dans le cadre de monodrames, je compris que dans le fond elle n'était pas si mauvaise que cela. Elle avait juste une faible estime de soi. Comme moi. Toutefois, je n'avais mentionné dans le test que ses traits négatifs, alors j'ai retravaillé pour trouver, chez elle comme chez moi, des points positifs. Aujourd'hui, je me demande comment elle aurait été si elle avait eu une bonne image d'elle-même. Les choses auraient été vraiment différentes.

» Je n'ai jamais vraiment connu mes parents en tant que personnes. À l'époque, les gens ne parlaient pas beaucoup d'eux-mêmes. Mais je crois que cela s'est quand même enregistré directement dans mon inconscient. Ce n'est qu'en jouant le rôle de ma mère que j'ai saisi à quel point je la connaissais mal. Alors, ce fut comme si une réserve de sentiments s'était ouverte à moi : je fus capable de la comprendre de l'intérieur comme l'adulte qu'elle était et non pas seulement comme ma mère. Et, en reprenant le test, je constatai avec étonnement que je ne l'avais décrite qu'en tant que *parent*, jamais en tant qu'*adulte*. Je compris que j'avais exprimé mon point de vue d'enfant sur le parent qu'elle était, pas sur la personne. »

En entendant Caroline, un nouveau concept me vint à l'esprit : *voir par transe-parence*. Il lui fallait en effet *voir* son *parent* en tant qu'adulte avant de pouvoir sortir de sa *transe*. Faute de quoi, elle demeurerait incapable de faire la différence entre la personne qu'était vraiment sa mère et le comportement qui était le sien lorsqu'elle était dans son rôle de parent.

« C'est précisément le problème que j'ai rencontré avec ma mère, commenta Caroline. Je n'ai peut-être pas su qui elle était jusqu'à ce que j'interprète son rôle. J'ai alors compris ce qu'elle avait vécu pendant son mariage avec mon père. Maintenant, je ne lui en veux plus. Si j'avais été la femme de mon père, je ne crois pas que j'aurais été capable de me comporter avec lui comme j'aurais voulu qu'elle se comporte. Je travaille encore à me conduire de cette façon avec mon mari et ça m'occupe à plein temps. J'ai maintenant un nouveau respect pour tout ce qu'elle a fait. »

Souvenez-vous qu'il vous faut d'abord comprendre ce qui se passe au niveau de l'empreinte parentale inconsciente et faire sortir votre moi adulte intérieur de sa transe avant de pouvoir espérer modifier votre système de couple actuel. Le monodrame vous permet d'avoir une meilleur compréhension interne de chacun de vos parents. Werner Erhard disait que des changements interpersonnels n'interviendraient dans une relation de couple qu'à partir du moment où au moins l'un des deux partenaires créerait d'abord un espace interne différent. Pour y parvenir, il est nécessaire de préparer un précédent émotionnel positif, de façon à ce que quelque chose de positif puisse se produire... à nouveau. Les monodrames au cours desquels vous jouez le rôle de vos parents vous offrent la possibilité d'agir comme vous auriez aimé que votre modèle d'adulte intérieur agisse à l'époque. Ils vous permettent d'interpréter ce comportement avec votre partenaire/conjoint intérieur et d'intégrer dans votre vie actuelle, en les rejouant, ces changements positifs.

Rompre : la solution de facilité

Ernest vint me voir avec sa femme, dont il envisageait de se séparer. Je le vis seul pour qu'il me fournisse quelques renseignements sur son histoire. « Janice ne veut pas rompre, mais je ne veux plus rester avec elle. J'ai beau lui expliquer, je n'arrive pas à lui faire comprendre que c'est fini entre nous. Que faire ? C'était exactement le contraire avec Françoise. À l'époque, j'étais celui qui ne voulait pas lâcher prise. J'ai continué de lui téléphoner alors qu'elle sortait avec quelqu'un d'autre. Elle ne me rappelait pas, mais je n'abandonnais pas. Je l'ai prise en filature. J'ai été odieux. Je suis content de ne pas être de ce côté-là de l'équation cette fois-ci. Je me sens coupable de faire autant de mal à Janice, mais je préfère que ce soit elle que moi. Je resterai le temps de pouvoir m'en aller avec élégance. Que puis-je faire d'autre ? L'un d'entre nous devra quitter la ville. »

Le test de sélection d'Ernest me fournit immédiatement quelques informations essentielles sur le système de couple auquel il adhérait. Sa mère était son modèle d'adulte intérieur et ses deux mariages n'avaient duré que peu de temps. Le père d'Ernest l'avait quittée quand l'enfant avait deux ans. Quant à son second mari, vous aurez deviné que c'était elle qui l'avait quitté quand Ernest n'avait que cinq ans. Françoise, la première femme d'Ernest, était comme son père, et Janice, sa deuxième femme, était comme son beau-père. Ces deux hommes avaient formé un modèle de partenaire intérieur dans les premières années de la vie du petit garçon parce qu'ils étaient dans une relation primaire avec sa mère. Aussi ont-ils influencé sa programmation relationnelle. Sauf à faire évoluer la programmation du couple intérieur d'Ernest, celui-ci continuerait de quitter ou d'être quitté. Dans toutes ses relations à venir, Ernest serait d'un côté ou de l'autre du programme de son couple intérieur à moins de modifier le décret implanté en lui.

Je commençai par lui demander d'inventer une fin heureuse à chacun des mariages de sa mère, et nous avons interprété ces scénarios. À la suite de cela et d'autres exercices où il lui fallut imaginer à nouveau certaines scènes, Ernest avait élaboré une option alternative lui permettant de rester avec Janice. Ses souvenirs comptaient pour la première fois deux précédents l'autorisant à rester au lieu de deux précédents lui enjoignant de partir. En jouant des scènes où sa mère et ses partenaires trouvaient une solution à leurs problèmes, il permit que s'implante en lui l'idée d'une solution plutôt que d'une rupture. En imaginant des événements positifs dans la vie de son modèle d'adulte intérieur, nous avions créé la possibilité que des événements similaires se produisent dans la sienne.

Trois mois plus tard, comme il était à prévoir, Janice et lui s'envolèrent pour une seconde lune de miel. « C'est un miracle, m'écrivit-il dans une carte postale postée de Cancún. Nous sommes partis tous les deux, sauf que cette fois-ci c'était ensemble. Nous somme en train de retomber amoureux. »

La psychogénétique me permet de ne plus demander à mes clients de commencer par s'attaquer aux difficultés de leur relation de couple. Je leur propose à la place de se pencher d'abord sur les schémas de communication inefficaces hérités de leurs parents. Nous nous remémorons le cadre ancien et le client construit pardessus un schéma de couple intérieur, paisible et nouveau.

Le premier test de sélection vous aide à identifier le schéma parental défectueux que vous utilisez. En jouant le rôle de vos parents tels qu'ils étaient, vous comprenez mieux, depuis l'intérieur de leur personnalité et de leur comportement, les besoins relationnels non satisfaits de chacun. En jouant vos parents tels que vous auriez aimé qu'ils soient, vous avez l'occasion de les voir pour une fois satisfaire leurs besoins mutuels. Le fait d'imaginer de nouveaux souvenirs dans lesquels vos parents réussissent à résoudre leur conflit émotionnel apporte également d'immenses satisfactions à votre enfant intérieur. La nouvelle solution constitue à la fois l'achèvement tant attendu d'une histoire restée en suspens et un programme positif alternatif pour votre relation actuelle.

Et si les choses s'étaient vraiment déroulées ainsi pendant votre enfance ?

Et ils vécurent heureux pour toujours

Grâce à la psychogénétique, mes clients avaient les uns après les autres modifié le système par lequel ils choisissaient leur partenaire. Ce système expliquait par exemple à Jeanne pourquoi elle s'enferrait dans des relations avec des types qui ne lui convenaient pas. Mais la roue avait tourné : six mois plus tard, elle serait mariée avec un homme qu'elle n'aurait auparavant jamais pensé rencontrer, et encore moins épouser.

Mais il y eut bien d'autres cas de fins heureuses.

« Rita est tout le portrait de sa mère », déclara David. Et cette fois c'était un compliment, car la jeune femme aimait maintenant beaucoup sa mère. Jusqu'alors, un tel commentaire aurait déclenché une dispute à la maison. Au début de leur relation, David avait à dessein fait ce genre de remarques pour blesser sa femme. Mais depuis que Rita avait joué le rôle de sa mère et compris quelle personne était celle-ci, elle était fière de ressembler à son nouveau modèle d'adulte.

« Si seulement ma mère avait pu bénéficier des mêmes conseils que moi pour son couple. Alors elle aurait eu une meilleure image d'elle-même et peut-être que mon père aussi. » Rita aurait voulu que ses parents agissent différemment et peut-être ceux-ci avaient-ils le même désir à l'égard de leurs propres parents. Grâce au monodrame, la jeune femme avait fini par voir sa mère transformer son schéma relationnel, ce qui avait automatiquement provoqué un changement dans celui de Rita.

Betty envisageait d'avoir un autre bébé. Elle vint me voir un an plus tard, radieuse, des étincelles dans ses yeux verts, pour me dire à quel point Norbert et elle étaient maintenant heureux ensemble. « J'ai du mal à croire que, il y a à peine deux ans, je pensais quitter Norbert pour un autre. Je devais avoir perdu la tête. Nous sommes tous les deux tellement heureux depuis que je me suis rendu compte que j'avais en moi le fantôme de mon père. Je me sens beaucoup mieux aujourd'hui. Pour la première fois, je sais pourquoi j'étais comme j'étais et j'ai été apaisée de pouvoir enfin contrôler consciemment mon comportement. Je ne suis plus obligée de ressembler à mon père. Je suis en paix avec lui et je suis aussi en paix avec Norbert. Et nous voulons transmettre notre manière de vivre à nos enfants quand ils seront grands. »

« Je savais à peine comment me comporter face à ces inconnus, me dit Yvette. Ils débordent d'affection mutuelle. Ils étaient tous assis sur le canapé, proches les uns des autres. Le père et la mère de mon nouveau petit ami étaient tendres l'un envers l'autre. Ils se donnaient des surnoms affectueux. Ils étaient chaleureux et accueillants avec moi également. C'était si différent de ma famille. En fait, cela ressemblait aux monodrames que j'avais imaginés – c'était ainsi que j'aurais voulu que ma mère et mon beau-père se comportent l'un envers l'autre. Et voilà que les parents de Thomas se comportaient exactement comme dans mes rêves. C'était la meilleure fête d'anniversaire que j'aie jamais eue. En rentrant chez moi après, j'ai trouvé mes parents qui se disputaient comme d'habitude. Mon père était enfermé à double tour dans sa chambre. Ma mère pleurait dans la cuisine. Je vous jure que cela m'a rappelé toutes les fois où, pendant mon enfance, j'aurais voulu qu'ils divorcent. Plus les jours passent, et plus j'apprécie les nouveaux souvenirs que j'ai créés et qui mettent en scène ma mère et son nouveau mari. Les parents de Thomas sont vraiment comme cela. Et c'est ce que je voudrais pour Thomas et moi quand nous serons mariés. Je voudrais que nous vivions comme nous aimerions que nos enfants vivent quand ils seront grands. »

« On s'en sort bien, me raconta Nathalie. J'ai mis en œuvre les changements que j'avais imaginés pour mes parents l'année dernière. Et je me sens beaucoup mieux depuis que je l'ai fait. C'est visible, paraît-il. Antoine et moi avons encore passé un week-end merveilleux ensemble. C'est comme si nous revenions à l'époque où nous nous sommes connus, sauf que cette fois-ci nous nous connaissons vraiment bien l'un et l'autre. J'aime à nouveau être avec Antoine au lieu d'avoir peur de ce qui se passera si je m'autorise à l'aimer.

» J'ai demandé à mes parents ce qui avait causé leur rupture. Ils m'ont donné deux versions différentes. En vérité, soit ils ne savent rien, soit ils ne veulent pas admettre leur rôle respectif dans cette affaire. Au bout de dix ans, ils continuent de se renvoyer mutuellement la responsabilité plutôt que de regarder du côté de leurs schémas familiaux. Je suis bien contente qu'Antoine et moi ayons échappé à cela. Le fait de comprendre quel avait été le point d'achoppement pour mes parents et de faire évoluer leur relation au-delà de ce point, a permis que la nôtre reprenne. Puis nous nous sommes rendu compte que nos couples intérieurs se ressemblaient. »

« Les vieux rôles et les modèles hérités qui étaient les nôtres ont tellement changé, déclara Sylvia. C'est à nouveau comme au premier rendez-vous. Cela fait des années que personne ne m'a plu autant. Tout est nouveau. Il est même encore trop tôt pour coucher avec Marc parce que je veux attendre de mieux le connaître. On sort ensemble comme des ados. Le samedi soir, on va au cinéma et, en sortant, on a des discussions qui durent des heures. Je le comprends mieux et, pour la première fois, il sait qui je suis vraiment et ce que je ressens. Autrefois, nous étions allés directement au lit dès notre première rencontre parce que nous étions incapables de parler de sentiments. C'était un mécanisme de fuite et pas de l'amour, mais nous ne savions pas la différence à l'époque. »

Marc acquiesca : « Le sexe me permettait de me libérer d'une tension. Aujourd'hui, j'éprouve vraiment de l'amour pour Sylvia. J'aime cette nouvelle femme qui est aussi la mère de mes enfants. Nous sommes deux partenaires égaux dans l'éducation de nos enfants. La colère que nos parents ont éprouvée l'un pour l'autre toute leur vie nous a quittés tous les deux. Notre relation ne repose plus sur la tension sous-jacente que nous répétions dans le ton, l'impatience et la distance que nous avions l'un envers l'autre. »

CONCLUSION

Je voudrais conclure avec l'une de mes rêveries préférées, une rêverie qui me touche personnellement.

J'imagine mes parents lisant ce livre chacun leur tour à haute voix. Nous sommes tous assis dehors sur la terrasse. C'est ainsi que se déroulaient souvent les soirées de mon enfance. Papa et maman reprennent certaines des anecdotes de *Choisir l'âme sœur* et les relient à leur propre vie. Vous imaginez cela ? Une odeur de pommes cuites s'échappe du four. On les mangera avec de la glace à la vanille, en buvant une tasse du café spécialement préparé par mon père, et ce sera l'une de ces soirées familiales dont je me souviendrai toute ma vie. Mais ce qui importe davantage pour moi que la tasse de café dont on me récompensait parfois quand j'étais enfant, c'est de pouvoir savourer la proximité remarquable qui réunit mes parents aujourd'hui.

Pour la première fois, j'entends mon père parler de ses sentiments au lieu de tout garder pour lui. Ma mère sourit et des larmes lui montent aux yeux. « Cela fait si longtemps que j'attends que l'on se reparle comme cela. Quand nous nous sommes rencontrés, on parlait pendant des heures. Ça m'a manqué, Eddie, dit-elle.

– Eh bien, je crois que c'est vraiment reparti comme autrefois, ma chérie », lui répond mon père en se penchant vers elle pour l'embrasser.

Je note dans un coin de ma tête d'être moi aussi plus affectueuse avec mon partenaire.

« Montrons à Anne comme un couple peut être heureux », ajoute ma mère.

J'aime voir mes parents ainsi. Ce baiser est l'un des mes meilleurs souvenirs et je le garde en moi. J'ai toujours voulu qu'ils soient heureux ensemble, pour toujours, et voilà qu'ils le sont. Dans mon esprit, j'ai fait évoluer la relation de mes parents et j'ai commencé à améliorer la programmation de mon propre couple intérieur.

Et vous pouvez faire pareil. J'en suis persuadée !

BIBLIOGRAPHIE

ANCELIN SCHÜTZENBERGER A., *Aïe, mes aïeux !*, 15e éd., Paris, Desclée de Brouwer, 2002.

BACH R., *One*, New York, Bantam Doubleday Dell, 1989.

BANDLER R., *Le Recadrage*, Paris, InterÉditions, 1999.

BANDLER R., *Un cerveau pour changer*, Paris, InterÉditions, 2001.

BANDLER R., GRINDER J., *Transe-formations*, Paris, InterÉditions, 1999.

BANDLER R., GRINDER J., *Les Secrets de la communication*, Montréal, Le Jour, éditeur, 2002.

BANDLER R., GRINDER J., *Le Temps du changement*, Paris, La Tempérance, 2002.

BERNE E., *Des jeux et des hommes*, Paris, Stock, 1984.

BERNE E., *Que dites-vous après avoir dit bonjour ?*, Paris, Tchou, 1999.

BERNE E., *Analyse transactionnelle et psychothérapie*, Paris, Payot, coll. « Petite Bibliothèque Payot », 2001.

BRADSHAW J., *Retrouver l'enfant en soi*, Montréal, Le Jour, éditeur, 1992.

BRADSHAW J., *Le Défi de l'amour*, Montréal, Le Jour, éditeur, 1994.

BRADSHAW J., *La Famille et ses secrets*, Montréal, Flammarion Ltd, 1997.

ERSKINE R., MOURSUND J., *Reprendre contact avec l'enfant intérieur*, Paris, InterÉditions, 2001.

GINGER S., *La Gestalt*, Paris, Hommes & Groupes, 2000.

GOLEMAN D., *L'Intelligence émotionnelle*, Paris, J'ai Lu, 2000.

GRAY J., *Les hommes viennent de Mars, les femmes viennent de Vénus*, Paris, J'ai Lu, 2001.

HENDRIX H., *Keeping the Love You Find. A Personal Guide*, New York, Pocket Books, 1993.

HENDRIX H., *Getting the Love You Want. A Guide For Couples*, New York, Henry Holt & Company, 2001.

JOHNSON R., *We. Understanding the Psychology of Romantic Love*, New York, Harper & Row, 1983.

LECRON L., *Self-Hypnotism. The Technique and Its Use in Daily Living*, New Jersey, Prentice-Hall, 1964.

LEVIN J., *The Clinton Syndrome. The President and the Self-Destructive Nature of Sexual Addiction*, Prima Communications, 1998.

MISSELDINE W., *Your Inner Child of the Past*, New York, Simon & Schuster, 1963.

MYSS C., *Anatomie de l'esprit*, Paris, Ariane, 1998.

NORWOOD R., *Les femmes qui aiment trop*, Montréal, L'Homme, 1992.

PAVLOV I. P., *Les Réflexes conditionnés*, Paris, PUF, 1977.

PERLS F. S., *Gestalt Approach and Eyewitness To Therapy*, New York, Science and Behavior, 1973.

PERLS F. S., *La Gestalt-thérapie*, Montréal, Stanké, 2001.

SHEEHY G., *Passages. Predictable Crisis of Adult Life*, New York, Bantam Doubleday Dell, 1977.

STEINER C., *À quoi jouent les alcooliques*, Paris, Desclée de Brouwer, 1981.

STEINER C., *L'ABC des émotions*, Paris, Dunod, 2000.

TEACHWORTH A., « Three couples transformed », *in* B. Feder, R. Ronall (dir.), *A Living Legacy of Fritz and Laura Perls. Contemporary Case Studies*, New Jersey, Feder & Ronall, 1996.

TEACHWORTH A., « Die Geschichte wiederholt sich immer wieder », *in* K. Lumma (dir.), *Orientierungs Analyse. Eschveiler*, Allemagne, IHP, 1999, p. 48-72.

TEACHWORTH A., « Response to Ted Schwartz's article : "The land mines of marriage. Intergenerational causes of marital conflict" », *Gestalt Review*, 4 (1), 2000, p. 66-70.

WINNICOTT D. W., *Jeu et réalité*, Paris, Gallimard, coll. « Folio », 2002.

TABLE

Impression réalisée sur CAMERON par

BUSSIÈRE CAMEDAN IMPRIMERIES

GROUPE CPI

à Saint-Amand-Montrond (Cher)
pour le compte des Éditions Payot & Rivages
en février 2003

N° d'impression : 030916/1.
Dépôt légal : février 2003.

Imprimé en France